STANDARD COURSE
―― 中国語の世界標準テキスト ――

主编： 姜丽萍
LEAD AUTHOR: Jiang Liping

编者： 王枫、刘丽萍、王芳
AUTHORS: Wang Feng, Liu Liping, Wang Fang

2

初級レベル
（HSK2級準拠）

🎧 音声ファイル無料ダウンロード

本書内の の表示がある箇所の音声は、下記方法にて無料でダウンロードできます。

ダウンロードパスワード：**scchinesetext002**

◆ 💻 パソコンから

URL：**https://ch-edu.net/hsk_text/**

【手順】
① 上記URLにアクセス
　（URLからアクセスする際は、検索欄ではなく、ページ上部のURLが表示されている部分に直接ご入力下さい。）
② アクセス先のページでダウンロードパスワードとメールアドレス等の必要事項を入力
③ ご入力いただいたメールアドレス宛にダウンロードページURLが記載されたメールが届く
　（自動送信の為、ご入力いただいたメールアドレスに必ずお送りしています。受信しない場合は、迷惑メールフォルダー等をご確認下さい。それでも受信していない場合は再度初めからご登録下さい。）
④ ダウンロードページにて音声（MP3）ファイルをダウンロード

◇ 📱 スマホ・タブレットから

"App Store"、"Google Play ストア" で HSK音声ポケット 🔍 を検索して無料アプリをインストール

≪ iPhone ≫

≪ Android ≫

【手順】
① 「MYポケット」ページの 書籍を追加 をタップ
② 「書籍一覧」ページで、ダウンロードする書籍をタップ
③ 「PW入力」ページに、ダウンロードパスワードを入力し、 ダウンロード をタップ

※CDはご用意しておりませんのでご了承下さい。

序

  2009年全新改版后的HSK考试，由过去以考核汉语知识水平为主，转为重点评价汉语学习者运用汉语进行交际的能力，不仅在考试理念上有了重大突破，而且很好地适应了各国汉语教学的实际，因此受到了普遍欢迎，其评价结果被广泛应用于汉语能力的认定和作为升学、就业的重要依据。

  为进一步提升孔子学院汉语教学的水平和品牌，有必要建立一套循序渐进、简便易学、实用高效的汉语教材体系和课程体系。此次经国家汉办授权，由汉考国际（CTI）和北京语言大学出版社联合开发的《HSK标准教程》，将HSK真题作为基本素材，以**自然幽默的风格、亲切熟悉的话题、科学严谨的课程设计**，实现了与HSK考试内容、形式及等级水平的全方位对接，是一套充分体现考教结合、以考促学、以考促教理念的适用教材。很高兴把《HSK标准教程》推荐给各国孔子学院，相信也会对其他汉语教学机构和广大汉语学习者有所裨益。

  感谢编写组同仁们勇于开拓的工作！

许　琳

孔子学院总部　总干事

中国国家汉办　主　任

2013年11月16日

序

　2009年の全面改定後のHSKは、中国語の知識レベルを問うものから、学習者の中国語を用いたコミュニケーション能力の評価に重点を置くものになりました。試験理念において大きく進展しただけでなく、各国の中国語教育の現状に適応しているため、広く歓迎され、試験結果は中国語能力の認定や、進学・就職の際の評価基準として幅広く活用されています。

　孔子学院の中国語教育のレベルとブランド力をより一層高めるためには、順を追って学習を進められる、簡潔で学びやすい、実用的で効率の良い教材とコース体系を構築する必要があります。この度、国家漢弁からの認証を得て、漢考国際（CTI）と北京語言大学出版社が共同で開発した『HSKスタンダードコース』は、HSKの実際の試験問題を基本的な素材とし、自然でユーモラスなスタイル、親しみやすい話題、科学的なコースデザインを意識して作ったものです。また、HSKの試験内容、形式、各級のレベルと全面的に合致しており、「テストと教育を結びつけ、テストによって学習を促し、テストによって教育を促す」という理念を実現させた教材にすることができました。『HSKスタンダードコース』を各国の孔子学院に推薦できることを喜ばしく思うと同時に、他の中国語教育機関や多くの中国語学習者の皆様のお役に立てることを確信しております。

　編集部スタッフたちの、パイオニア精神に満ちた働きに感謝します。

許　琳
孔子学院総部　総幹事
中国国家漢弁　主　任
2013年11月16日

前言

自2009年国家汉办推出了新汉语水平考试（HSK）以来，HSK考生急剧增多。2012年全球HSK考生人数达到31万人，2013年第一季度已达7万人左右。随着汉语国际教育学科的不断壮大、海外孔子学院的不断增加，可以预计未来参加HSK考试的人员会越来越多。面对这样一个庞大的群体，如何引导他们有效地学习汉语，使他们在学习的过程中既能全方位地提高汉语综合运用能力，又能在HSK考试中取得理想成绩，一直是我们思考和研究的问题。编写一套以HSK大纲为纲，体现"考教结合"、"以考促教"、"以考促学"特点的新型汉语系列教材应当可以满足这一需求。在国家汉办考试处和北京语言大学出版社的指导下，我们结合多年的双语教学经验和对汉语水平考试的研究心得，研发了这套新型的考教结合系列教材《HSK标准教程》系列（以下简称"教程"）。

一、编写理念

进入21世纪，第二语言教学的理念已经进入后方法时代，以人为本，强调小组学习、合作学习，交际法、任务型语言教学、主题式教学成为教学的主流，培养学习者的语言综合运用能力成为教学的总目标。在这样一些理念的指导下，"教程"在编写过程中体现了以下特点：

1. 以学生为中心，注重培养学生的听说读写综合运用能力

"考教结合"的前提是为学生的考试服务，但是仅仅为了考试就会走到应试的路子上去，这不是我们编教的初衷。如何在为考试服务的前提下重点提高学生的语言能力是我们一直在探索的问题，也是本套教材的特色之一。以HSK一、二级为例，这两级的考试只涉及听力和阅读，不涉及说和写，但是在教材中我们从一级开始就进行有针对性的语音和汉字的学习和练习，并且吸收听说法和认知法的长处，课文以"情景+对话+图片"为主，训练学生的听说技能。练习册重点训练学生的听力、阅读和写的技能，综合起来培养学生的听说读写能力。

2. 融入交际法和任务型语言教学的核心理念

交际法强调语言表达的得体性和语境的作用，任务型语言教学强调语言的真实性和在完成一系列任务的过程中学习语言，两种教学法都强调语言的真实和情境的设置，以及在交际过程中培养学生的语言能力。HSK考试不是以哪一本教材为依据进行的成绩测试，而是依据汉语水平考试大纲而制定的，是考查学习者语言能力的能力测试。基于这样的认识，"教程"编写就不能像以往教材那样，以语言点为核心进行举一反三式的重复和训练，这样就不能应对考试涉及的方方面面的内容，因此我们在保证词语和语法点不超纲的前提下，采取变换情境的方式，让学习者体会在不同情境下语言的真实运用，在模拟和真实体验中学习和习得汉语。

3. 体现了主题式教学的理念

主题式教学是以内容为载体、以文本的内涵为主体所进行的一种语言教学活动，它强调

内容的多样性和丰富性，一般来说，一个主题确定后，通过接触和这个主题相关的多个方面的学习内容，加速学生对新内容的内化和理解，进而深入探究，培养学生的创造能力。"教程"为了联系学生的实际，开阔学生的视野，从四级分册开始以主题引领，每个主题下又分为若干小主题，主题之间相互联系形成有机的知识网络，使之牢固地镶嵌在学生的记忆深处，不易遗忘。

二、"教程"的特色

1. 以汉语水平考试大纲为依据，逐级编写"教程"

汉语水平考试（HSK）共分六个等级，"教程"编教人员仔细研读了"大纲"和出题指南，并对大量真题进行了统计、分析。根据真题统计结果归纳出每册的重点、难点、语言点、话题、功能、场景等，在遵循HSK大纲词汇要求的前提下，系统设计了各级别的范围、课时等，具体安排如下：

教材分册	教学目标	词汇量（词）	教学时数（学时）
教程1	HSK（一级）	150	30—34
教程2	HSK（二级）	300	30—36
教程3	HSK（三级）	600	35—40
教程4（上/下）	HSK（四级）	1200	75—80
教程5（上/下）	HSK（五级）	2500	170—180
教程6（上/下）	HSK（六级）	5000 及以上	170—180
总计：9册		5000 以上	510—550

这种设计遵循汉语国际教育的理念，注重教材的普适性、应用性和实用性，海内外教学机构可根据学时建议来设计每册书完成的年限。比如，一级的《教程1》规定用34学时完成，如果国内周课时是8课时的话，大概一个月左右就能学完；在海外如果一周是4课时的话，就需要两个月的时间能学完。以此类推。一般来说，学完《教程1》就能通过一级考试，同样学完《教程2》就能通过二级考试，等等。

2. 每册教材配有练习册，练习册中练习的形式与HSK题型吻合

为了使学习者适应HSK的考试题型，教材的各级练习册设计的练习题型均与HSK考试题型吻合，从练习的顺序到练习的结构等都与考题试卷保持一致，练习的内容以本课的内容为主，目的是学习者学完教材就能适应HSK考试，不需额外熟悉考试形式。

3. 单独设置交际练习，紧密结合HSK口试内容

在HSK考试中，口试独立于笔试之外，为了培养学生的口语表达能力，在教程中，每一课都提供交际练习，包括双人活动和小组活动等，为学习者参加口试提供保障。

本套教程在策划和研发过程中得到了孔子学院总部/国家汉办、北京语言大学出版社和汉考国际（CTI）的大力支持和指导，是全体编者与出版社总编、编辑和汉办考试处、汉考国际命题研发人员集体智慧的结晶。本人代表编写组对以上机构和各位参与者表示衷心的感谢！我们希望使用本教程的师生，能够毫无保留地把使用的意见和建议反馈给我们，以便进一步完善，使其成为教师好教、学生好学、教学好用的好教程。

姜丽萍

2013年11月

はじめに

　2009年に国家漢弁が新漢語水平考試（HSK）を発表して以来、HSKの受験者は急増しました。2012年、全世界の受験者は31万人に達し、2013年の第1四半期には7万人前後に達しました。中国語の国際教育という研究分野の規模拡大と海外の孔子学院の増設に伴い、将来HSKの受験者はますます増えてゆくと考えられます。私たちは、このような多くの学習者と向き合い、彼らをいかにすれば効果的な学習へと導けるか、学習過程において全面的な中国語の運用能力を高めることができるか、HSK試験で理想的な成績を収められるか、という問題について考え、研究し続けてきました。HSK要綱に基づいて編集され、「テストと教育を結びつける」、「テストによって教育を促す」、「テストによって学習を促す」、という特徴を具現化した新たな中国語教材は、この一助となることでしょう。国家漢弁考試処と北京語言大学出版社の指導のもと、私たちの長きにわたるバイリンガル教育の経験とHSKの研究で得た知識を1つにし、テストと学習を合わせた新たな教材『HSKスタンダードコース』シリーズを研究開発しました（以下、「当シリーズ」とする）。

一、編集理念

　21世紀に入り、第二言語教育の理念もポスト教授法の時代（細かくパッケージ化された古典的教授法否定の時代）に入りました。学習者を主体とした、グループ学習や協同学習、コミュニカティブで、タスク中心・テーマ中心のアプローチが言語教育の主流となり、学習者の総合的な言語運用能力を養うことが指導目標となりました。このような理念のもと、当シリーズは編集の過程において以下のような特徴をもったものとなっております。

1．学習者を中心とした、聴く・話す・読む・書くの総合的な応用能力の養成を重視

　「テストと教育を結びつける」という前提は、学習者の受験のために提供するものではありますが、ただ受験のためだけに準備の道を歩むのは、私たちが願っていることではありません。いかに受験のための提供を前提に、学習者の言語能力を高めることに重点を置くか、これが私たちが模索し続けてきた課題であり、この教材の特色の1つでもあります。HSK1、2級を例に挙げると、この2つの級のテストはリスニングとリーディングのみで、スピーキングとライティングの出題はありません。しかし教材では、1級から発音と漢字に焦点をあてた学習と練習を始め、オーディオリンガル・メソッドと認知的アプローチの長所を取り入れ、本文は「場面・状況＋対話＋写真」を中心に、学習者のリスニングとスピーキングのスキルを鍛えます。ワークブックではリスニング、リーディング、ライティングのスキルを鍛え、学習者の聴く・話す・読む・書くの能力を総合的に養います。

2．コミュニカティブ・アプローチとTBLT（タスク中心の言語教育）の中心理念の融合

　コミュニカティブ・アプローチは、言語表現の適切さと文脈機能に重点を置き、TBLTは、

言語の真正性（本物らしさ）と一連のタスクを遂行する過程で言語を学ぶことに重点を置いています。この2つのアプローチはどちらも言葉の真正性と場面・状況設定、またコミュニケーションの過程で学習者の言語能力を伸ばすことに重点を置いています。HSKは、ある1冊の教材に依拠して行う到達度テスト（あるコースにおける学習目標がどの程度学べているかを測るテスト）ではなく、HSKの要綱に基づいて制定された、学習者の言語能力を測定する熟達度テスト（その時点での言語運用能力を測るテスト）です。従来の教材は言語の形式面に重点を置き、決まりきったリピート練習を繰り返すものでした。この方法では、試験で問われる各方面の内容に対応することができません。そのため、当シリーズでは前述の考えに基づき、単語と文法がHSK要綱の範囲を超えないことを前提に、場面・状況を変える方法を取り入れ、学習者に異なるさまざまな場面・状況での言語の運用を体験させ、シミュレーションと実体験の中で学び、習得することができるようにしています。

3. テーマ中心の言語教育の理念を実現

テーマ中心の言語教育とは、内容を手段とし、文の持つ意味内容を主体にして行う一種の言語教授活動のことで、内容の多様性と豊かさに重点を置いています。一般的に、1つのテーマを決め、そのテーマに関わる多方面の学習内容に接することを通して、学習者の新たな内容に対する吸収と理解を速め、探究を深め、創造力を育てます。当シリーズは学習者の実際の状況と関連させて、視野を広げさせるために、4級からはテーマが導く方式を採っており、テーマごとにさらにいくつかの小テーマに分かれています。テーマ同士は互いに結びついて有機的な知識のネットワークを形成しており、学習者の記憶の深部にしっかりと定着し、容易に忘れないようになっております。

二、当シリーズの特色

1. HSK要綱に基づき、各級別に編集

HSKは全部で6つの級に分かれており、当シリーズの編集者はHSK要綱と出題指針を詳細に研究し、大量の過去問題の統計をとり、分析を行いました。過去問題の統計結果に基づき、重点、難点、言語的ポイント、話題、機能、場面・状況を反映させ、HSK要綱の求める単語に従い、各級別の範囲、学習時間等を体系的に設定しました。具体的な配分は以下のとおりです。

テキスト巻号	目標レベル	単語	学習時間（コマ）
第1巻	HSK（1級）	150	30-34
第2巻	HSK（2級）	300	30-36
第3巻	HSK（3級）	600	35-40
第4巻（上/下）	HSK（4級）	1,200	75-80
第5巻（上/下）	HSK（5級）	2,500	170-180
第6巻（上/下）	HSK（6級）	5,000以上	170-180
計：9冊		5,000以上	510-550

これらの設定は中国語の国際教育理念に従い、教材の使いやすさ、応用性、実用性を重視しており、国内外の教育機関は授業時間に合わせて、テキストごとに学習年限を設定することができます。例えば、1級の『コース1』は34時間で修了するよう定められており、国内で週8コマの場合、およそ1か月前後、海外で週4コマの場合、2か月ほどで学び終えることができます。『コース1』を終えると1級に合格することができ、同様に『コース2』を終えると2級に合格することができます。

2. テキスト各冊対応のワークブック（別冊）でHSK出題形式と完全に一致した練習が可能

　学習者がHSKの出題形式に慣れられるよう、テキストの各級のワークブックの問題はすべてHSKの出題形式に合わせています。練習の順序から構成まで、すべて試験冊子と対応させ、練習の内容は本文の内容が中心になっています。学習者はこれらのテキスト・ワークブックをやり終えればすぐにHSKのテストに適応することができるので、試験の形式についてその他の特別な対策をする必要はありません。

3. コミュニケーション練習を独立させて設け、HSK口試の内容に対応

　HSK試験では、口頭試験（口試）は筆記試験とは別に行われます。学習者の口頭表現能力を養うため、当シリーズの中では一課ごとに応用としてコミュニケーション練習を設けています。その中には、ペアワークやグループワーク等が含まれており、学習者が自信を持って口試に臨めるようにしてあります。

　当シリーズは、企画と研究開発の過程で孔子学院総部、国家漢弁、北京語言大学出版社、漢考国際（CTI）からのご支援とご指導を賜ったものであり、すべての編者、出版社の編集長、編集者、漢考国際の問題制作担当者の智慧の結晶であります。編集部を代表して、以上の機関の協力者の方々に、心より感謝を申し上げます。このテキストをご利用になる皆様から忌憚なきご意見をお寄せいただき、さらに改良を加え、教師が教えやすく、学習者が学びやすいテキストにできるよう切に願っております。

姜麗萍
2013年11月

本册说明

《HSK标准教程2》适合学习过30~34学时，掌握150个左右汉语词，准备参加HSK（二级）考试的汉语学习者使用。具体使用说明如下：

全书共15课，各课均围绕一个任务主题分四个场景展开，每课生词平均10~15个，语言点2~4个。二级教程编写严格遵循HSK（二级）大纲规定的300词，包括一级的150词。本册教程只有14个超纲词（在书中用"*"标识），而且这些超纲词基本都是三级的词语。每课建议授课时间为2~3学时。

作为系列教材的第二本，本教材继承了《HSK标准教程1》的编写思路和体例，并在难度和深度上各有所增加。

教程每课均设置热身、课文（含生词）、注释、练习、语音、汉字、运用几个部分；每5课设置一个文化板块，作为课文部分的延伸阅读，介绍相关的文化背景知识。

1. 热身。这一部分分为两个板块。第一板块主要使用图片进行本课重点词语、短语的导入，目的是调动学习者的学习热情和兴趣。第二板块的形式则较为灵活，有词语和图片的匹配，也有词语搭配，目的是引导学习者对本课主题进行讨论，激发学习者的表达兴趣，并为新课的教学做好引入和铺垫。

2. 课文。每课课文包含四个不同的场景，每个场景有两个话轮。承袭了一级教材课文的编写思路，将体现生词和主要语言点的目标句以及HSK（二级）考试真题句编入课文对话，在不同场景下进行复现。大量的真题句和场景变换，可以为学习者参加HSK（二级）考试打下丰富的话题基础。

3. 注释。本教程弱化语法，语言点讲解采用注释的方式，多用表格形式展示，力求简捷、清楚、易学、难忘。每个语法项目的解释只涉及本课课文中的用法，并从易到难搭配例句，其中变颜色的例句为该语言点在课文中的原句。采用注释的方式处理语言点，一方面希望减少汉语初学者的学习压力和畏难情绪，另一方面也贯彻了本教材以练代讲、多练少讲的原则。

4. 练习。练习环节安排在每课注释之后。练习的内容为本课新学的语言点和重点词语，目的是使当天学习的内容能得到及时强化，并训练学生的听说能力和语言交际能力。练习形式主要有回答问题、图片描述、完成句子、小组活动等，这些练习形式也与HSKK初级口语考试题型相吻合，也在为学习者的口语考试做铺垫。练习采用比较直观的方式，这个环节教师可以灵活安排，可以在课文讲练之后进行，也可以在语法解释完以后进行，还可以在本课小结时用来检测学习者的学习情况。

5. 语音。语音部分第1课到第7课主要解决重音的问题。介绍双音节、三音节和四音节词

语的重音，以及句子的语法重音和逻辑重音。教学时建议以语音辨析训练为主，不必逐词讲解词义，学习者能够掌握正确的发音即可。第8课到第15课主要介绍汉语的句调，并具体介绍了陈述句、祈使句、疑问句、感叹句等句子的句调特点。每个句调的发音特点都给出了三个标准例句作为学习者模仿的范本，请学习者跟读、朗读，逐渐掌握词重音和句重音的规律，形成正确的语感。

6. 汉字。汉字部分的教学内容为8个笔画、14个独体字和30个偏旁。偏旁教学贯穿二级汉字教学的始终，通过对前三级的600个词进行统计，按使用频率和构字能力排序，52个独体字进入一级教学中，其余14个进入二级教学中。每课介绍两个易学、常见、带字能力强的偏旁，并给出两个例字。二级大纲词语只有认读要求，书写要求只针对14个独体字。

7. 运用。二级既有便于掌握的看图说话，也有互动性强的双人活动和交际性强的小组活动，以提高学生的汉语综合运用能力。

8. 文化。二级共安排三个文化点，分布在第5课、第10课和第15课。针对本级别的学习者，所选取的文化点主要是日常生活交往方面的交际性文化。三个文化点分别为：中国人的餐桌礼节、中国的茶文化和中国的"新年"——春节。建议教师结合该部分的图片和内容，引入一些中国文化的探讨和交流内容，可以使用媒介语。

以上是对本教材课本教程使用方法的一些说明和建议。在教学过程中您可以根据实际情况灵活使用本教材。对于只掌握150个一级词语的汉语学习者来说，这是他们学习汉语的初级教材。我们希望打破汉语很难的印象，让学习者学得快乐、学得轻松、学得高效。学完本书，就可以通过HSK相应级别的考试来检测自己的能力和水平。希望本教材可以帮助每位学习者在学习汉语的道路上走得更远。

本書の説明

『HSKスタンダードコース2』は、これまで30～34時限学習し、150語前後の中国語の単語を理解した、HSK（2級）試験の受験に備える学習者に適しています。具体的な使用説明は以下のとおりです。

本書は全15課あり、それぞれの課では、1つの課題を4つの場面・状況に分けて展開し、課ごとの新出単語は平均10～15語、文法ポイントは2～4つあります。2級コースはHSK（2級）の要綱が規定している300語に厳格に従い、1級の150語も含んでいます。本書では14語のみ規定外の語があり（本文中に"＊"で示しています）、これらの語は皆3級の単語です。2～3時限で一課を学ぶのが望ましいでしょう。

シリーズの第2巻として、本書は『HSKスタンダードコース1』の編集理念と形式を受け継ぎ、難度と深度ともに向上しています。

一課ごとにウォームアップ、本文（新出単語を含む）、注釈、練習、発音、漢字、応用の部分を設けています。五課ごとに1つの文化コーナーを設け、本文の延長の読み物として、主に関連する文化背景の知識を紹介しています。

1. ウォームアップ この部分は2つのコーナーに分かれています。1つ目のコーナーは主に写真を使い、本文の重要な単語やフレーズへと導きます。学習者の意欲と興味を引き出すことが目的です。2つ目のコーナーの形式は比較的自由で、単語と写真の一致、単語の組み合わせがあります。テキストのテーマについて学習者に討論させ、表現することへの興味を引き出し、次の一課へ進むための準備が目的です。

2. 本文 各課の本文には4つの異なる場面・状況が含まれ、場面・状況ごとに2つの発話のやりとりから成る対話があります。1級テキストの理念を引き継ぎ、新出単語、主要な文法ポイント、HSK（2級）問題の中の単語やフレーズを本文中の会話に取り入れ、異なる場面・状況で繰り返し出現させています。多くの過去の出題例と場面・状況の変化によって、HSK（2級）試験を受験する学習者のための豊富な話題の基礎作りとなります。

3. 注釈 当シリーズでは文法に重点を置きすぎないよう、文法ポイントの解説は注釈の形をとっています。表を多用し、簡潔で明確かつ理解しやすく、記憶に残りやすい方法をとるよう努めました。文法ポイントの注釈は、どれも本文中での用法の解説にとどめ、易しいものから難しいものへ、という順に例文を挙げています。その中でカラーの例文は、該当する文法ポイントの本文中での用例になっています。文法ポイントを注釈式にしたのは、中国語初心者のプレッシャーと苦手意識を軽減したいという考えから、また本書の原則である「練習をもって説明に代える」、「練習を多く、説明を少なく」という点を徹底させるためです。

4. 練習 各課の注釈（文法ポイントの解説）の後に、練習コーナーが設けられていま

す。練習の内容は本文で学んだ新しい文法ポイントと重要単語であり、その日に学んだ内容をすぐに強化し、学生のリスニング能力やスピーキング能力、コミュニケーション能力を鍛えるのが目的です。練習の形式は、主にQ&A、写真の説明、文の完成、グループワーク等で、これらの練習形式もHSKK初級口試の出題形式と対応しており、口試の準備にもなります。練習には感覚的な方法がとられており、教師はこのコーナーを使うタイミングを状況に合わせて計画することができます。本文を読んだ後や文法解説の後に使うことも、各課のまとめで使い、学習者の学習状況を判断することもできます。

5. 発音 発音部分では第1課から第7課まで、主に強弱アクセントの問題を解決します。2音節、3音節、4音節単語の強弱アクセント、および文法的な強弱アクセントと論理的な強弱アクセントを紹介しています。授業では発音訓練を中心とし、単語ごとの意味を逐一解説せずとも、学習者が正確な発音を把握できれば十分です。第8課から第15課では、主に中国語のイントネーションを挙げ、陳述文、命令文、疑問文、感嘆文などのイントネーションの特徴を具体的に説明しています。イントネーションの特徴として3つの標準的な例を挙げ、学習者が発音して覚えるための模範としています。学習者に後について読ませることによって、単語のアクセントと文のアクセントの法則を徐々に身に付け、正確な語感を形成させます。

6. 漢字 漢字学習の内容は、8の筆画、14の独体字と30の部首になっています。部首の学習は2級の漢字学習で一貫して行われます。3級までの600の単語から統計をとり、使用頻度と構成能力の順に従い、52字の独体字を1級に、残りの14字を2級の学習に取り入れました。一課ごとに学びやすく、一般的に使われ、漢字を構成する重要な部分となる部首を2つずつ紹介し、2字の例字を挙げています。2級の要綱の単語は読むことのみが求められ、14の独体字についてのみ、書くことが求められています。

7. 応用 2級では、すでに習得した写真を見て話すこと、相互の関係性が強いペアワーク、コミュニケーション性が強いグループワークが設けられ、学生の総合的な中国語の運用能力を高めます。

8. 文化 2級では3つの文化コーナーを、第5課、第10課、第15課に設けました。この級の学習者向けに選んだ文化コーナーは、主に日常生活でのコミュニケーション面の文化についてです。中国人のテーブルマナー、中国の茶文化、中国の「新年」―春節、という3つの文化コーナーに分けています。教師はこの部分の写真と内容を交えて、中国文化について話し合い、交流させるとよいでしょう。媒介語を使ってもかまいません。

以上が本書の使用方法の説明と提案です。学習の過程において、実際の状況に合わせて柔軟にこの教材を用いてください。150語の1級の単語を理解している中国語学習者にとって、本書は中国語を学ぶ初級教材です。中国語は難しいという印象を打破し、学習者が楽しく、リラックスして、効率よく学べることを私たちは願っています。本書を学び終えれ

ば、HSKの相当する級の受験を通して自身の能力とレベルを測定することができます。本書がすべての学習者にとって、中国語学習の道を歩む上で、より一層の進歩のための手助けとなるよう願っております。

目录　目次

	课文　本文	页码　ページ	词汇　単語	注释　注釈
1	九月去北京旅游最好 9月に北京へ旅行するのが一番良いです	23	旅游、觉得、最、为什么、也、运动、踢足球、一起、要、新、它、眼睛、花花	1. 助动词"要" 　助動詞"要" 2. 程度副词"最" 　程度副詞"最" 3. 概数的表达：几、多 　概数の表し方："几"と"多"
2	我每天六点起床 私は毎日6時に起きます	31	生病、每、早上、跑步、起床、药、身体、出院（出）、高、*米、知道、休息、忙、时间	1. 用"是不是"的问句 　"是不是"を使った疑問文 2. 代词"每" 　代詞"每" 3. 疑问代词"多" 　疑問代詞"多"
3	左边那个红色的是我的 左のあの赤いのが私のです	39	手表、千、报纸、送、一下、牛奶、房间、丈夫、旁边、真、*粉色（粉）、颜色、左边、红色（红）	1. "的"字短语 　"的"を使った文 2. 一下 　"一下"を使った文 3. 语气副词"真" 　語気副詞"真"
4	这个工作是他帮我介绍的 この仕事は彼が私に紹介してくれたのです	47	生日、快乐、给、*接、晚上、问、非常、开始、已经、长、两、帮、介绍	1. "是……的"句：强调施事 　"是…的"構文：行為を強調する 2. 表示时间：……的时候 　時間を表す："…的时候" 3. 时间副词"已经" 　時間副詞"已经"
5	就买这件吧 これを買いましょう	55	外面、准备、就、鱼、吧、件、还、可以、不错、考试、咖啡、对、以后	1. 副词"就" 　副詞"就" 2. 语气副词"还"（1） 　語気副詞"还"（1） 3. 程度副词"有点儿" 　程度副詞"有点儿"

文化：中国人的餐桌礼仪　中国人のテーブルマナー　62

语音 発音	汉字 漢字

双音节词语的重音：2音節語の強弱アクセント
1. 中重格式 中強型
2. 重轻格式 強弱型
	1. 汉字的笔画（7）：
	   漢字の筆画（7）：
	   乁、㇉
	2. 认识独体字：独体字を知る：
	   为、也
	3. 汉字偏旁"阝"和"阝"
	   漢字の部首："阝"と"阝"

三音节词语的重音：3音節語の強弱アクセント
1. 中轻重格式
   中弱強型
2. 中重轻格式
   中強弱型
3. 重轻轻格式
   強弱弱型
	1. 汉字的笔画（8）：
	   漢字の筆画（8）：
	   乁、㇉
	2. 认识独体字：独体字を知る：
	   生、高
	3. 汉字偏旁"艹"和"夂"
	   漢字の部首："艹"と"夂"

四音节词语的重音：4音節語の強弱アクセント
1. 不含轻声音节的四音节词语
   軽声の音節を含まない4音節語
2. 含轻声音节的四音节词语
   軽声の音節を含む4音節語
	1. 汉字的笔画（9）：
	   漢字の筆画（9）：
	   乁、㇉
	2. 认识独体字：独体字を知る：
	   手、丈、夫
	3. 汉字偏旁"扌"和"刂"
	   漢字の部首："扌"と"刂"

句子的语法重音（1）：文中の文法アクセント（1）：
1. 谓语重读 述語アクセント
2. 补语重读 補語アクセント
	1. 汉字的笔画（10）：
	   漢字の筆画（10）：
	   乚、乛
	2. 认识独体字：独体字を知る：
	   两、乐、长
	3. 汉字偏旁"纟"和"忄"
	   漢字の部首："纟"と"忄"

句子的语法重音（2）：文中の文法アクセント（2）：
1. 定语重读 定語アクセント
2. 状语重读 状語アクセント
	1. 认识独体字：独体字を知る：
	   鱼、衣
	2. 汉字偏旁"犭"和"广"
	   漢字の部首："犭"と"广"

	课文 本文	页码 ページ	词汇 単語	注释 注釈
6	你怎么不吃了 あなたはどうしてもう食べないのですか	63	门、外、*自行车、羊肉、好吃、面条、打篮球、因为、所以、游泳、*经常、*公斤、姐姐	1. 疑问代词"怎么" 疑問代詞"怎么" 2. 量词的重叠 量詞の重ね型 3. 关联词"因为……，所以……" 関連詞"因为…，所以…"
7	你家离公司远吗 あなたの家は会社から遠いですか	71	教室、机场、路、离、公司、远、公共汽车、小时、慢、快、*过、走、到	1. 语气副词"还"（2） 語気副詞"还"（2） 2. 时间副词"就" 時間副詞"就" 3. 离 動詞"离" 4. 语气助词"呢" 語気助詞"呢"
8	让我想想再告诉你 少し考えさせてください。それからお伝えします	79	再、让、告诉、等、找、事情、服务员、白、黑、贵	1. 疑问句"……，好吗" 疑問文"…，好吗" 2. 副词"再" 副詞"再" 3. 兼语句 兼語文 4. 动词的重叠 動詞の重ね型
9	题太多，我没做完 問題が多すぎて、私はやり終えていません	87	错、从、跳舞、第一、希望、问题、*欢迎、上班、懂、完、题	1. 结果补语 結果補語 2. 介词"从" 介詞"从" 3. "第～"表示顺序 順序を表す"第～"
10	别找了，手机在桌子上呢 もう探さないで。携帯電話は机の上にあります	95	课、帮助、别、哥哥、鸡蛋、西瓜、正在、手机、洗	1. 祈使句：不要……了；别……了 命令文： "不要…了"/"别…了" 2. 介词"对" 介詞"对"

文化：中国的茶文化　中国の茶文化　*102*

STANDARD COURSE
―― 中国語の世界標準テキスト ――

2

解 答

©2015　株式会社スプリックス

スタンダードコース中国語2　解答

※空欄補充の問題は、文型や単語を使って文を完成させるものですので、解答が1つとは限りません。

第1課	ウォームアップ1	①D　②E　③C　④B　⑤F　⑥A
	練習3	几(十)／／要／／多／／踢足球
第2課	ウォームアップ1	①A　②D　③B　④E　⑤F　⑥C
	練習3	每／／跑步／／高／／生病
第3課	ウォームアップ1	①B　②A　③C　④E　⑤F　⑥D
	練習3	房间／／千／／红色／／送／送
第4課	ウォームアップ1	①C　②F　③E　④D　⑤A　⑥B
	ウォームアップ2	帮妈妈／／看医生／／介绍朋友／／打电话
	練習3	打(接)／／介绍／／时候／／非常
第5課	ウォームアップ1	①F　②E　③A　④D　⑤B　⑤C
	練習3	还／／有点儿／／不错／／就
第6課	ウォームアップ1	①B　②C　③D　④A　⑤E　⑥F
	ウォームアップ2	①自行车　②足球　③篮球　④面条
	練習3	(例)件件都很漂亮／／(例)个个都很漂亮／／生病了／／下雨
第7課	ウォームアップ1	①C　②E　③B　④D　⑤A　⑥F
	ウォームアップ2	①自行车　②公共汽车　③出租车　④飞机
	練習3	在睡觉／／学习／／生日／／离
第8課	ウォームアップ1	①C　②D　③A　④F　⑤B　⑥E
	ウォームアップ2	大-(小)　多-(少)　快-(慢)　冷-(热)　上-(下)　黑-(白)
	練習3	看书／／来看你／／想想／／看看书・读课文・学习
第9課	ウォームアップ1	①C　②A　③F　④E　⑤D　⑥B
	ウォームアップ2	看书・看电影／／写汉字・写名字／／吃饭・吃水果／／喝水・喝咖啡／／打篮球・打电话／／做饭・做(考试)题・做工作
	練習3	洗好／／没写好／／打电话／／去中国

第10課	ウォームアップ1	①B　②A　③C　④F　⑤D　⑥E
	ウォームアップ2	听歌∥踢足球∥玩儿手机∥写作业∥下飞机∥开车
	練習3	吃药∥玩电脑∥游泳・运动∥看英语报纸
第11課	ウォームアップ1	①F　②C　③B　④D　⑤A　⑥E
	ウォームアップ2	贵-(便宜)　对-(错)　左-(右)　来-(去)　前-(后)　里-(外)
	練習3	多∥(例)大五岁∥昨天热∥哥哥好
第12課	ウォームアップ1	①B　②D　③A　④E　⑤C　⑥F
	ウォームアップ2	说汉语∥开车∥准备考试・准备做饭∥读大学・读汉语书∥找东西・找房子∥学习汉语
	練習3	很好∥很快∥多∥好
第13課	ウォームアップ1	①C　②A　③F　④E　⑤B　⑥D
	ウォームアップ2	下飞机・下车∥坐飞机∥听汉语课・听他的话∥上车・上飞机∥送报纸・送牛奶∥拿铅笔
	練習3	拿着铅笔∥穿着白色的衣服∥开着∥开着车
第14課	ウォームアップ1	①D　②A　③E　④F　⑤C　⑥B
	ウォームアップ2	①电视　②电影　③电话　④电脑
	練習3	吃过∥见过・去看过∥还去游泳∥喜欢看英文书
第15課	ウォームアップ1	①D　②A　③E　④B　⑤F　⑥C
	ウォームアップ2	①公共汽车　②出租车　③火车　④自行车
	練習3	四月一日(号)∥要上课了∥三岁∥关门("关"は「閉める(3級単語)」)

语音 発音	汉字 漢字

句子的逻辑重音
文中のロジカル・アクセント
	1. 认识独体字：独体字を知る：
	   门、羊
	2. 汉字偏旁"犭"和"心"
	   漢字の部首："犭"と"心"

汉语的基本句调 中国語の基本イントネーション	汉字偏旁"亻"和"攵" 漢字の部首："亻"と"攵"
陈述句的句调 陳述文のイントネーション	汉字偏旁"又"和"巾" 漢字の部首："又"と"巾"
是非疑问句的句调 はい、いいえで答える疑問文のイントネーション	汉字偏旁"扌"和"灬" 漢字の部首："扌"と"灬"
特指问句的句调 疑問代詞を伴う疑問文のイントネーション	汉字偏旁"走"和"穴" 漢字の部首："走"と"穴"

	课文 本文	页码 ページ	词汇 単語	注释 注釈
11	他比我大三岁 彼は私より3つ年上です	103	唱歌、男、女、孩子、右边、比、便宜、说话、可能、去年、姓	1. 动词结构做定语 　定語になる動詞（句） 2. "比"字句（1） 　"比"構文（1） 3. 助动词"可能" 　助動詞"可能"
12	你穿得太少了 あなたはとても薄着です	111	得、妻子、雪、零、*度、穿、进、弟弟、近	1. 状态补语 　状態補語 2. "比"字句（2） 　"比"構文（2）
13	门开着呢 ドアは開いています	119	着、手、*拿、铅笔、*班、*长、笑、宾馆、*一直、往、路口、杨笑笑	1. 动态助词"着" 　アスペクト助詞"着" 2. 反问句"不是……吗" 　反語文"不是…吗" 3. 介词"往" 　介詞"往"
14	你看过那个电影吗 あなたはあの映画を観たことがありますか	127	意思、但是、虽然、次、玩儿、晴、百	1. 动态助词"过" 　アスペクト助詞"过" 2. 关联词"虽然……，但是……" 　関連詞"虽然…，但是…" 3. 动量补语"次" 　動量補語"次"
15	新年就要到了 もうすぐ新年です	135	日、新年、票、火车站、大家、*更、妹妹、阴	1. 动作的状态："要……了" 　動作の状態："要…了" 2. "都……了" 　"都…了"構文

文化：中国的"新年"——春节　中国の「新年」—春節	142
词语总表　単語一覧	143
偏旁总表　部首一覧	151

语音　発音	汉字　漢字
正反问句的句调 正反疑問文のイントネーション	汉字偏旁"疒"和"冫" 漢字の部首："疒"と"冫"
选择问句的句调 選択疑問文のイントネーション	汉字偏旁"止"和"冂" 漢字の部首："止"と"冂"
祈使句的句调 命令文のイントネーション	汉字偏旁"斤"和"页" 漢字の部首："斤"と"页"
感叹句的句调 感嘆文のイントネーション	汉字偏旁"雨"和"贝" 漢字の部首："雨"と"贝"
用"吧"和"吗"构成的疑问句的句调 "吧"と"吗"を用いる疑問文のイントネーション	汉字偏旁"山"和"大" 漢字の部首："山"と"大"

1

Jiǔ yuè qù Běijīng lǚyóu zuì hǎo
九月去北京旅游最好
9月に北京へ旅行するのが一番良いです

热身 ウォームアップ

1 给下面的词语选择对应的图片　下の語句に合う写真を選びましょう。

 A
 B
 C
 D
 E
 F

lǚyóu
① 旅游＿＿＿＿＿

yùndòng
② 运动＿＿＿＿＿

yǎnjing
③ 眼睛＿＿＿＿＿

zúqiú
④ 足球＿＿＿＿＿

yǐzi
⑤ 椅子＿＿＿＿＿

māo
⑥ 猫＿＿＿＿＿

2 看下面的图片，说说来北京旅游最好的时间
下の写真を見て、北京旅行に最適な時季について話しましょう。

sān yuè
三 月
3月

liù yuè
六 月
6月

jiǔ yuè
九 月
9月

shí'èr yuè
十二 月
12月

HSK 标准教程 2
スタンダードコース 2

课文 / 本文

1 在学校　学校で 01-1

A: Wǒ yào qù Běijīng lǚyóu, nǐ juéde shénme shíhou qù zuì hǎo?
我 要 去北京 旅游，你 觉得 什么 时候去 最好？

B: Jiǔ yuè qù Běijīng lǚyóu zuì hǎo.
九 月去 北京 旅游 最 好。

A: Wèi shénme?
为 什么？

B: Jiǔ yuè de Běijīng tiānqì bù lěng yě bú rè.
九 月的 北京 天气 不 冷 也不 热。

日本語訳
A: 私は北京へ旅行に行こうと思うのですが、いつ行くのが一番良いと思いますか？
B: 9月に北京へ旅行するのが一番良いです。
A: なぜですか？
B: 9月の北京の気候は寒くも暑くもないからです。

新出単語
1. 旅游　　lǚyóu　　動詞　　旅行する
2. 觉得　　juéde　　動詞　　思う、感じる
3. 最　　　zuì　　　副詞　　最も、一番
4. 为什么　wèi shénme　　なぜ
5. 也　　　yě　　　副詞　　～も

2 看照片　写真を見ながら 01-2

A: Nǐ xǐhuan shénme yùndòng?
你喜欢 什么 运动？

B: Wǒ zuì xǐhuan tī zúqiú.
我 最 喜欢踢足球。

A: Xiàwǔ wǒmen yìqǐ qù tī zúqiú ba.
下午 我们一起去 踢 足球 吧。

B: Hǎo a!
好啊！

日本語訳
A: あなたはどんなスポーツが好きですか？
B: 私はサッカーが一番好きです。
A: 午後私たちは一緒にサッカーをしに行きましょう。
B: いいですね！

新出単語
6. 运动　　yùndòng　　名詞/動詞　スポーツ/運動する
7. 踢足球　tī zúqiú　　　サッカーをする
8. 一起　　yìqǐ　　副詞　　一緒に

24

3 在家里　家で　01-3

A: 我们 要不要买几个新的椅子？
Wǒmen yào bu yào mǎi jǐ ge xīn de yǐzi?

B: 好啊。什么时候去买？
Hǎo a. Shénme shíhou qù mǎi?

A: 明天下午怎么样？
Míngtiān xiàwǔ zěnmeyàng?

你明天几点能回来？
Nǐ míngtiān jǐ diǎn néng huílai?

B: 三点多。
Sān diǎn duō.

日本語訳
A: 私たちは新しい椅子を何脚か買いましょうか？
B: そうですね。いつ買いに行きますか？
A: 明日の午後はどうですか？ あなたは明日何時に帰って来られますか？
B: 3時過ぎです。

新出単語
9. 要　yào　助動詞　〜したい
10. 新　xīn　形容詞　新しい

4 在家里　家で　01-4

A: 桌子下面有个猫。
Zhuōzi xiàmiàn yǒu ge māo.

B: 那是我的猫，它叫花花。
Nà shì wǒ de māo, tā jiào Huāhua.

A: 它很漂亮。
Tā hěn piàoliang.

B: 是啊，我觉得它的眼睛最漂亮。
Shì a, wǒ juéde tā de yǎnjing zuì piàoliang.

A: 它多大了？
Tā duō dà le?

B: 六个多月。
Liù ge duō yuè.

日本語訳
A: 机の下にネコがいます。
B: これは私のネコで、花花という名前です。
A: (そのネコは)美しいです。
B: そうですね。私はこの子の目が一番美しいと思います。
A: この子は何歳ですか？
B: 6か月ちょっとです。

新出単語
11. 它　tā　代詞　それ
12. 眼睛　yǎnjing　名詞　目

固有名詞
花花　Huāhua　花花（ネコの名前）

注释
注釈

1 助动词：要　助動詞"要"

用在动词前，表示有做某件事情的愿望。例如：
動詞の前に置き、ある物事への願望を表す。例えば：

主語	要（助動詞）	述語
王方	要	学习英语。
我	要	吃米饭。
我们	要不要	买几个新的椅子？

否定形式一般为"不想"。例如：
否定形は一般的に"不想"となる。例えば：

(1) 小王要去，我不想去。
(2) A: 你要吃米饭吗？
　　B: 我不想吃米饭。
(3) A: 我要去商店买椅子，你去吗？
　　B: 我不去，我不想买椅子。

2 程度副词：最　程度副詞"最"

表示在同类事物中或某方面占第一位。例如：
同じ物事の中で、またはある方面においてトップであることを表す。例えば：

(1) 大卫的汉语最好。
(2) 我最喜欢吃米饭。
(3) 它的眼睛最漂亮。

3 概数的表达：几、多　概数の表し方："几"と"多"

"几"可以表示10以内的不定个数，后边要有量词。例如：
"几"は10以内の不定の数を表し、後ろに量詞をつける。例えば：

几	量词（量詞）	名词（名詞）
几	个	人
几	本	书
几	个	新的椅子

(1) 车上有几个人。
(2) 我想买几本书。
(3) 我们要不要买几个新的椅子？

"几"可以用在"十"之后，表示大于10小于20的数字，如：十几个人；也可以用在"十"之前，表示大于20小于100的数字，如：几十个人。

"几"は"十"の後ろに置き10以上20以下の数を表すことができる。例えば：十几个人。また"十"の前に置き20以上100以下の数を表すことができる。例えば：几十个人。

"多"与数量词搭配使用，数词是10以下的数字时，"多"用在量词之后。例如：

"多"と数量詞はセットで使い、数詞が10以下の数の時、"多"は量詞の後ろに置く。例えば：

数词（数詞）	量词（量詞）	多	名词（名詞）
三	个	多	星期
五	年	多	
六	个	多	月

数词是10以上的整数时，"多"用在量词前，在这种情况下，"多"和"几"通用。例如：

数詞が10以上の整数の時、"多"は量詞の前に置く。このような場合"多"と"几"は同じように使う。例えば：

数词（数詞）	多	量词（量詞）	名词（名詞）
十	多	个	月
二十	多	块	钱
八十	多	个	人

练习 / 練習

1 分角色朗读课文 役に分かれて本文を読みましょう。

2 根据课文内容回答问题 本文の内容に基づいて、質問に答えましょう。

❶ 什么时候去北京旅游最好？为什么？
　Shénme shíhou qù Běijīng lǚyóu zuì hǎo? Wèi shénme?

❷ 他们下午要做什么？　Tāmen xiàwǔ yào zuò shénme?

❸ 他们想什么时候去买椅子？　Tāmen xiǎng shénme shíhou qù mǎi yǐzi?

❹ 花花在哪儿？　Huāhua zài nǎr?

❺ 花花多大了？　Huāhua duō dà le?

3 用本课新学的语言点和词语描述图片
本課で学んだ文法ポイントと語句を使って、写真について述べましょう。

Wǒ yào qù mǎi ___ ge xīn bēizi.
我 要 去 买 ___ 个 新 杯子。

Nǐ ___ mǎi yīfu, qù nàge shāngdiàn ba.
你 ___ 买 衣服, 去 那个 商店 吧。

Wǒ de māo sān suì ___ le,
我 的 猫 三 岁 ___ 了,
nǐ de māo duō dà le?
你 的 猫 多 大 了?

Wǒ bù xiǎng xuéxí, wǒ xiǎng hé péngyou qù ___。
我 不 想 学习, 我 想 和 朋友 去 ___。

语音 / 発音 双音节词语的重音　2音節語の強弱アクセント 01-5

(1) 中重格式　中強型

大多数双音节词属中重格式，第二个音节为重音，音长较长。例如：
多くの2音節語は中強型に属しており、第2音節を強く読み、音が長めになる。例えば：

bīngxiāng	bāng máng	dǎrǎo	gāoxìng
冰箱	帮 忙	打扰	高兴
lǚyóu	kěnéng	kāishǐ	kǎo shì
旅游	可能	开始	考试

(2) 重轻格式　強弱型

少数双音节词是"重轻"格式，第一个音节为重音，音长较长；第二个音节为轻音，音长较短。例如：

少数の2音節語は強弱型で、第1音節を強く読み、音は長めになる。第2音節は弱く読み、音は短めになる。例えば：

dōngxi	chuānghu	luóbo	shíhou
东西	窗户	萝卜	时候
zhěntou	nǐmen	gàosu	gùshi
枕头	你们	告诉	故事

汉字
漢字

1　汉字的笔画（7）：乛、ろ　漢字の筆画（7）：乛，ろ

笔画名称　筆画の名称	运笔方向　運筆方向	例字　用例
乛　横折提　héngzhétí 横－折れ－はね	乛	话　huà　言葉、話 说　shuō　言う、話す
ろ　横折折折钩 héngzhézhézhégōu 横－折れ－折れ－ 折れ－かぎ	ろ	奶　nǎi　ミルク 场　chǎng　場所、広場

2　认识独体字　独体字を知る

（1）"为"，繁体（爲）字形像一只手牵着象，让它为人们干活的样子。本义是"做"。

"为"の繁体字"爲"の字形は、象を手で牽いて人間のために働かせる姿に見える。本来は「する」という意味である。

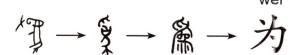 

（2）"也"，字形像头尖、身长的蛇，后来随着字形的演变，本义就丢失了，现在虚化为副词。

"也"の字形は、頭が尖った長い蛇のようで、その後字形の変化に従って本来の意味はなくなり、現在は虚詞（単独で用いられない副詞・介詞・接続詞・助詞などの文法機能のみをあらわす単語）化して副詞となった。

3　汉字偏旁"王"和"足"　漢字の部首"王"と"足"

偏旁 部首	解释 解釈	例字 用例
王	王字旁，也叫斜玉旁，一般和玉有关系。 「おうへん」、「たまへん」とも言い、一般的に玉と関係がある。	现　xiàn　今、現在 球　qiú　ボール
足	足字旁，一般和脚有关系。 「あしへん」、一般的に脚と関係がある。	跑　pǎo　走る 踢　tī　蹴る

1　九月去北京旅游最好

HSK 标准教程 2 / スタンダードコース 2

运用 / 応用

1 双人活动　ペアワーク

两人一组，询问对方的喜好和习惯，互相了解对方。
ペアになり、相手の好きな事と習慣を聞き、お互いの事を知りましょう。

例如：
A：Nǐ zuì xǐhuan chī shénme? Zuì bù xǐhuan chī shénme?
　　你 最 喜欢 吃 什么？ 最 不 喜欢 吃 什么？

B：Wǒ zuì……
　　我 最……

A：Nǐ zuì xǐhuan shénme yùndòng?
　　你 最 喜欢 什么 运动？

B：……

Wǒ de péngyou＿＿＿，tā zuì xǐhuan＿＿＿，zuì bù xǐhuan＿＿＿。
我 的 朋友＿＿＿，他 最 喜欢＿＿＿，最 不 喜欢＿＿＿。

2 小组活动　グループワーク

3～4人一组，互相询问并记录朋友最想和最不想去旅游的地方以及原因，每组请一位同学报告情况。

3～4人で1つのグループを作り、お互いに旅行で一番行きたい所と一番行きたくない所、その理由を聞いてメモをとり、グループごとに1人報告する人を決めて、クラスのみんなに発表しましょう。

例如：
A：Nǐ zuì xiǎng qù shénme dìfang lǚyóu?
　　你 最 想 去 什么 地方 旅游？

B：Wǒ zuì……
　　我 最……

A：Wèi shénme?
　　为 什么？

B：……

A：Nǐ zuì bù xiǎng qù shénme dìfang lǚyóu? Wèi shénme?
　　你 最 不 想 去 什么 地方 旅游？ 为 什么？

B：……

	姓名 名前	最想/最不想去的地方 最も行きたい/行きたくない所	原因（yuányīn） 理由
1	小王 Xiǎo Wáng	最想去北京 zuì xiǎng qù Běijīng	他想学汉语，想吃中国菜。 Tā xiǎng xué Hànyǔ, xiǎng chī Zhōngguó cài.

2 Wǒ měi tiān liù diǎn qǐ chuáng
我每天六点起床
私は毎日6時に起きます

热身 / ウォームアップ

1 给下面的词语选择对应的图片　下の語句に合う写真を選びましょう。

 A
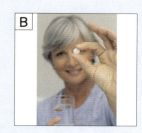 B
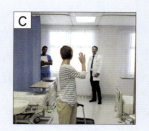 C
 D
 E
 F

① qǐ chuáng 起床 ＿＿＿　② pǎo bù 跑步 ＿＿＿　③ chī yào 吃药 ＿＿＿

④ shēng bìng 生病 ＿＿＿　⑤ xiūxi 休息 ＿＿＿　⑥ chū yuàn 出院 ＿＿＿

2 看下面的图片，说说马丁（Mǎdīng）什么时间做什么事情
下の写真を見て、マーティンがいつどんな事をしたか話しましょう。

Mǎdīng zǎoshang......, xiàwǔ......, wǎnshang......,
马丁　早上……，　下午……，　晚上……，

xīngqī liù hé xīngqītiān......
星期六和星期天……

31

HSK 标准教程 2 スタンダードコース 2

课文 / 本文

1 在运动场　運動場で 02-1

A: Nǐ hěn shǎo shēng bìng, shì bu shì xǐhuan yùndòng?
　你很少生病，是不是喜欢运动？

B: Shì a, wǒ měi tiān zǎoshang dōu yào chūqu pǎo bù.
　是啊，我每天早上都要出去跑步。

A: Nǐ měi tiān jǐ diǎn qǐ chuáng?
　你每天几点起床？

B: Wǒ měi tiān liù diǎn qǐ chuáng.
　我每天六点起床。

日本語訳
A: あなたはあまり病気になりませんが、運動が好きなのですか？
B: そうです。私は毎朝外へ出てジョギングをします。
A: あなたは毎日何時に起きますか？
B: 私は毎日6時に起きます。

新出単語
1. 生病　shēng bìng　動詞　病気になる
2. 每　měi　代詞　毎〜、各〜
3. 早上　zǎoshang　名詞　朝
4. 跑步　pǎo bù　動詞　走る、ジョギングする
5. 起床　qǐ chuáng　動詞　起きる

2 在医院　病院で 02-2

A: Chī yào le ma? Xiànzài shēntǐ zěnmeyàng?
　吃药了吗？现在身体怎么样？

B: Chī le. Xiànzài hǎo duō le.
　吃了。现在好多了。

A: Shénme shíhou néng chū yuàn?
　什么时候能出院？

B: Yīshēng shuō xià ge xīngqī.
　医生说下个星期。

日本語訳
A: 薬を飲みましたか？ 今、お体はどうですか？
B: はい、飲みました。今はだいぶよくなりました。
A: いつ退院できますか？
B: 先生は来週だとおっしゃいました。

新出単語
6. 药　yào　名詞　薬
7. 身体　shēntǐ　名詞　体
8. 出院　chū yuàn　　退院する
　　出　chū　動詞　出る

3 在操场　運動場で 02-3

Dàwèi jīnnián duō dà?
A: 大卫 今年 多 大？

Èrshí duō suì.
B: 二十 多 岁。

Tā duō gāo?
A: 他 多 高？

Yì mǐ bā jǐ.
B: 一 米 八 几。

Nǐ zěnme zhīdào zhème duō a?
A: 你 怎么 知道 这么 多 啊？

Tā shì wǒ tóngxué.
B: 他 是 我 同学。

日本語訳
A: デヴィッドは今年いくつですか？
B: 20歳過ぎです。
A: 彼の身長は？
B: 1メートル80数センチです。
A: あなたはどうしてそんなに多くの事を知っているのですか？
B: 彼は私のクラスメートです。

新出単語
9. 高　gāo　形容詞　高い
*10. 米　mǐ　量詞　〜メートル
11. 知道　zhīdào　動詞　知る

4 在房间　部屋で 02-4

Zhāng lǎoshī xīngqī liù yě bù xiūxi a?
A: 张 老师 星期 六 也 不 休息 啊？

Shì a, tā zhè jǐ tiān hěn máng, méiyǒu
B: 是 啊， 他 这 几 天 很 忙， 没有

shíjiān xiūxi.
时间 休息。

Nà huì hěn lèi ba?
A: 那 会 很 累 吧？

Tā měi tiān huílai dōu hěn lèi.
B: 他 每 天 回来 都 很 累。

日本語訳
A: 張先生は土曜日も休まないのですか？
B: そうです。彼はここ数日とても忙しく、休む時間がありません。
A: それではとても疲れるでしょう？
B: はい、彼は毎日とても疲れて帰ってきます。

新出単語
12. 休息　xiūxi　動詞　休む
13. 忙　máng　形容詞　忙しい
14. 时间　shíjiān　名詞　時間

注释
注釈

1 用"是不是"的问句　"是不是"を使った疑問文

如果提问的人对某个事实或者情况有比较肯定的估计，为了进一步得到证实，就可以用这种疑问句提问。"是不是"一般用在谓语前面，也可以用在句首或者句尾。例如：

もし質問者がある事実や状況に対して比較的確信がある時、一歩進んだ確証を得るため、このような疑問文を用いて問うことができる。"是不是"は一般的に述語の前に用いるが、文頭か文末に用いることもできる。例えば：

(1) 你很少生病，是不是喜欢运动？
(2) 是不是明天爸爸休息？
(3) 我们星期一去北京，是不是？

2 代词"每"　代詞"每"

"每"的后边是量词，指全体中的任何一个或一组。比如：每天、每年、每个月、每个星期。

"每"の後ろには量詞を置き、全体中の任意の1つまたは1組を指す。例えば："每天（毎日）"、"每年（毎年）"、"每个月（毎月）"、"每个星期（毎週）"である。

(1) 山姆每年都去中国旅游。
(2) 你每个星期六都工作吗？
(3) 我每天六点起床。

3 疑问代词"多"　疑問代詞"多"

疑问代词"多"用在形容词的前面，对程度进行提问，回答时要说出数量。例如：
疑問代詞"多"は、形容詞の前に置いて程度を問い、答える時は必ず数量を言う。例えば：

主語	多	形容词（形容詞）
你	多	大？
大卫	多	高？
他	多	高？

(1) A: 你多大？
　　B: 我16岁。
(2) A: 王医生的儿子多高？
　　B: 他儿子一米七。
(3) A: 他多高？
　　B: 一米八几。

练习 / 練習

1 分角色朗读课文 役に分かれて本文を読みましょう。

2 根据课文内容回答问题 本文の内容に基づいて、質問に答えましょう。

① 他为什么很少生病？ Tā wèi shénme hěn shǎo shēng bìng?

② 他每天几点起床？ Tā měi tiān jǐ diǎn qǐ chuáng?

③ 她现在身体怎么样？ Tā xiànzài shēntǐ zěnmeyàng?

④ 大卫今年多高？多大？ Dàwèi jīnnián duō gāo? Duō dà?

⑤ 张老师星期六休息吗？ Zhāng lǎoshī xīngqī liù xiūxi ma?

3 用本课新学的语言点和词语描述图片
本課で学んだ文法ポイントと語句を使って、写真について述べましょう。

Xiǎolì　　tiān dōu hěn máng, yě hěn lèi.
小丽＿＿天 都 很 忙，也 很 累。

Tā měi tiān zǎoshang chūqu＿＿,
他 每 天 早 上 出 去＿＿，
shēntǐ hěn hǎo.
身 体 很 好。

Wáng yīshēng de érzi duō
王 医生 的儿子 多＿＿？

Wǒ tīngshuō Ānni＿＿ le, wǒ xiǎng
我 听说 安妮＿＿了，我 想
qù kànkan tā.
去 看看 她。

语音 / 発音

三音节词语的重音 3音節語の強弱アクセント 🎧 02-5

(1) 中轻重格式　中弱強型

大多数三音节词属于"中轻重"格式，即第一个音节为中音，音长次长；第二个音节为轻音，音长最短；第三个音节为重音，音长最长。例如：

多くの3音節語は「中弱強」型に属し、第1音節は中程度の強さで読み、2番目に音が長い。第2音節は弱く読み、最も音が短い。第3音節は強く読み、最も音が長い。例えば：

| shōuyīnjī | Xīnjiāpō | Hǎoláiwù | diànshìjù |
| 收音机 | 新加坡 | 好莱坞 | 电视剧 |

(2) 中重轻格式　中強弱型

三音节词属于"中重轻"格式的数量不多，即第二个音节为重音，音长最长；第一个音节为中音，音长中长；第三个音节为轻音，音长最短。例如：

「中強弱」型に属する3音節語は少なく、第2音節を強く読み、最も音が長い。第1音節は中程度の強さで読み、次に音が長い。第3音節は弱く読み、最も音が短い。例えば：

húluóbo	méiguānxi	lǎo húli	máoháizi
胡萝卜	没关系	老狐狸	毛孩子

(3) 重轻轻格式　強弱弱型

三音节词语属于"重轻轻"格式的很少，多为口语词，它的第一个音节为重音，第二、三个音节都为轻音。例如：

「強弱弱」型に属する3音節語はとても少なく、多くは口語詞である。第1音節を強く読み、第2・第3音節はどちらも弱く読む。例えば：

shénmede	guàibude	gūniangjia	hǎo zhe ne
什么的	怪不得	姑娘家	好 着 呢

汉字　漢字

1　汉字的笔画（8）：乛、𠃌　漢字の筆画（8）：乛，𠃌

笔画名称　筆画	运笔方向　運筆方向	例字　用例
乛 横撇弯钩 héngpiěwāngōu 横－左はらい－そり－はね	乛	队 duì 隊 阵 zhèn 陣
𠃌 横折折撇 héngzhézhépiě 横－折れ－折れ－左はらい	𠃌	及 jí 及ぶ 级 jí 級

2 认识独体字　独体字を知る

（1）"生"，字形像地面上长出了一株嫩苗。本义是"生长"、"长出"，现在意思很多，如"生病"、"生活"。

　　"生"の字形は、地面から生えた一株の新芽に似ている。本来は「生まれる」、「生える」の意味だが、現在では「病気になる」、「生活」など、多くの意味がある。

（2）"高"，字形像一座高高的楼阁，表示"高"的意思。

　　"高"の字形は高い楼閣に似ており、「高い」という意味を表す。

3 汉字偏旁"⺮"和"欠"　漢字の部首"⺮"と"欠"

偏旁 部首	解释 解釈	例字 用例
⺮	竹字头，一般和竹子有关系。 「たけかんむり」は、一般的に竹と関係がある。	篮　lán　かご 笔　bǐ　筆
欠	欠字旁，一般和嘴的活动有关系。 「かける」は、一般的に口の動きと関係がある。	歌　gē　歌 吹　chuī　吹く

HSK 标准教程 2
スタンダードコース 2

运用
応用

1 双人活动　ペアワーク

两人一组，询问对方一天的生活。例如：
ペアになり、相手の1日の生活について尋ねましょう。例えば：

例如：
A: Nǐ měi tiān jǐ diǎn chī zǎofàn?
　　你 每 天 几 点 吃 早饭？

B: Wǒ……
　　我……

A: Nǐ měi tiān shénme shíhou yùndòng?
　　你 每 天 什么 时候 运动？

B: ……

2 小组活动　グループワーク

3～4人一组，互相询问对方的基本信息和运动情况。每组请一位同学报告情况。
3～4人で1つのグループを作り、お互いに相手の基礎情報と運動状況について尋ねましょう。グループごとに1人報告する人を決めて、クラスのみんなに発表しましょう。

例如：
A: Nǐ duō dà?
　　你 多 大？

B: Wǒ……
　　我……

A: Nǐ duō gāo?
　　你 多 高？

B: ……

A: Nǐ měi tiān zuò shénme yùndòng?
　　你 每 天 做 什么 运动？

B: ……

	姓名 名前	年龄 年齢	身高 身長	运动 運動
1	小王 Xiǎo Wáng	18岁 shíbā suì	1米75 yī mǐ qī wǔ	每天早上跑步，每个星期六踢足球。 Měi tiān zǎoshang pǎo bù, měi ge xīngqī liù tī zúqiú.

3 Zuǒbian nàge hóngsè de shì wǒ de
左边那个红色的是我的
左のあの赤いのが私のです

热身 ウォームアップ

1 给下面的词语选择对应的图片　下の語句に合う写真を選びましょう。

 A
 B
 C
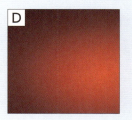 D
 E
 F

❶ shǒubiǎo 手表_____
❷ bàozhǐ 报纸_____
❸ niúnǎi 牛奶_____
❹ fángjiān 房间_____
❺ zhàngfu 丈夫_____
❻ hóngsè 红色_____

2 看下面的图片，说说地图中这些地方的位置
下の図を見て、地図中の建物の位置について述べましょう。

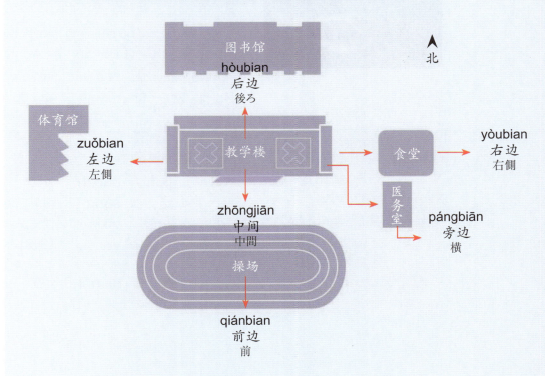

39

HSK 标准教程 2
スタンダードコース 2

课文 / 本文

1 在房间　部屋で　03-1

A: Zhè kuài shǒubiǎo shì nǐ de ma?
　这 块 手表 是你的吗?

B: Bú shì wǒ de.　Shì wǒ bàba de.
　不是我的。是我爸爸的。

A: Duōshao qián mǎi de?
　多少 钱买的?

B: Sānqiān duō kuài.
　三千 多 块。

日本語訳
A: この腕時計はあなたのですか?
B: いいえ、私のではありません。私の父のです。
A: いくらで買ったのですか?
B: 3千数元です。

新出単語
1. 手表　shǒubiǎo　名詞　腕時計
2. 千　　qiān　　　数詞　1000、千

2 在家里　家で　03-2

A: Zhè shì jīntiān zǎoshang de bàozhǐ ma?
　这是今天 早上 的报纸吗?

B: Bú shì,　shì zuótiān de.
　不是，是 昨天的。

A: Nǐ tīng, shì bu shì sòng bàozhǐ de lái le?
　你听，是不是送 报纸的来了?

B: Wǒ kàn yíxià.　Bú shì,　shì sòng niúnǎi de.
　我 看一下。不是，是送 牛奶的。

日本語訳
A: これは今朝の新聞ですか?
B: いいえ、昨日のです。
A: ほら、新聞配達が来たのではないですか?
B: ちょっと見てきます。違いました、牛乳配達でした。

新出単語
3. 报纸　bàozhǐ　名詞　新聞
4. 送　　sòng　　動詞　送る、配達する
5. 一下　yíxià　　数量詞
　　　　　　　　（動詞の後に用いて）
　　　　　　　　ちょっと～する、試みる
6. 牛奶　niúnǎi　名詞　牛乳

3 在家里　家で 03-3

A: 这是谁的房间？
Zhè shì shéi de fángjiān?

B: 这是我和我丈夫的，旁边那个小的房间是我女儿的。
Zhè shì wǒ hé wǒ zhàngfu de, pángbiān nàge xiǎo de fángjiān shì wǒ nǚ'ér de.

A: 你女儿的房间真漂亮！都是粉色的。
Nǐ nǚ'ér de fángjiān zhēn piàoliang! Dōu shì fěnsè de.

B: 是啊，粉色是我女儿最喜欢的颜色。
Shì a, fěnsè shì wǒ nǚ'ér zuì xǐhuan de yánsè.

日本語訳
A: これは誰の部屋ですか?
B: これは私と夫ので、隣のあの小さな部屋は娘のです。
A: お嬢さんの部屋はとてもかわいいですね！全部ピンクです。
B: そうなんです、ピンクは娘の一番好きな色です。

新出単語
7. 房间　fángjiān　名詞　部屋
8. 丈夫　zhàngfu　名詞　夫
9. 旁边　pángbiān　名詞　横、そば
10. 真　zhēn　副詞　本当に、とても
*11. 粉色　fěnsè　名詞　ピンク
　　粉　fěn　形容詞　ピンクの
12. 颜色　yánsè　名詞　色

4 在办公室　オフィスで 03-4

A: 你看见我的杯子了吗？
Nǐ kànjiàn wǒ de bēizi le ma?

B: 这里有几个杯子，哪个是你的？
Zhèli yǒu jǐ ge bēizi, nǎge shì nǐ de?

A: 左边那个红色的是我的。
Zuǒbian nàge hóngsè de shì wǒ de.

B: 给你。
Gěi nǐ.

日本語訳
A: あなたは私のカップを見ましたか?
B: ここにいくつかカップがあります、どれがあなたのですか?
A: 左のあの赤いのが私のです。
B: どうぞ。

新出単語
13. 左边　zuǒbian　名詞　左、左側
14. 红色　hóngsè　名詞　赤
　　红　hóng　形容詞　赤い

注释 / 注釈

1 "的"字短语　"的"を使った文

代词、形容词、动词等跟"的"组成一个短语，相当于省略了中心语的名词短语。例如：

代詞・形容詞・動詞などは、"的"とフレーズを作ることができ、中心語を省略した名詞句に相当する。例えば：

(1) 这本书不是我的。（＝我的书）

(2) 这个杯子是昨天买的。（＝昨天买的杯子）

(3) 这块手表是你的吗？（＝你的手表）

2 一下　"一下"を使った文

"一下"用在动词后面，表示一次短暂的动作，相当于动词的重叠式AA（见第8课），宾语可以省略。例如：

"一下"は動詞の後に用いて一度の短い動作を表し、動詞の重ね型AA（第8課参照）に相当する。目的語は省略することができる。例えば：

主语	动词（動詞）	一下	宾语（目的語）
我	看	一下。	
你	休息	一下吧。	
我	问	一下	老师。

3 语气副词"真"　語気副詞"真"

"真+形容词"表示感叹的语气，意思是的确、实在。例如：

「"真"+形容詞」は感嘆の語気を表し、確かに・本当に、という意味となる。例えば：

(1) 你真好！

(2) 今天天气真好！

(3) 你女儿的房间真漂亮！

练习 / 練習

1 分角色朗读课文　役に分かれて本文を読みましょう。

2 根据课文内容回答问题　本文の内容に基づいて、質問に答えましょう。

❶ 爸爸的手表多少钱？　Bàba de shǒubiǎo duōshao qián?

② 送报纸的来了吗？　Sòng bàozhǐ de lái le ma?

③ 旁边那个小的房间是谁的？　Pángbiān nàge xiǎo de fángjiān shì shéi de?

④ 她女儿的房间怎么样？　Tā nǚ'ér de fángjiān zěnmeyàng?

⑤ 哪个杯子是她的？　Nǎge bēizi shì tā de?

3 用本课新学的语言点和词语描述图片

本課で学んだ文法ポイントと語句を使って、写真について述べましょう。

Wàimian xià yǔ, tāmer dōu zài _____ li ne.
外面　下雨，他们　都　在_____里呢。

Lǐ xiānsheng de shǒubiǎo hěn hǎo,
李　先生　的　手表　很　好
sān _____ duō kuài qián.
三_____多　块　钱。

Wǒ juéde zuǒbian nàge _____ de piàoliang.
我　觉得　左边　那个_____的　漂亮。

Jīntiān _____ niúnǎi de lái le,
今天_____牛奶　的　来了，
bàozhǐ de méi lái.
_____报纸　的　没来。

语音　发音

四音节词语的重音　4音節語の強弱アクセント　🎧 03-5

(1) 不含轻声音节的四音节词语　軽声の音節を含まない4音節語

四音节词语的重音一般在第四个音节。例如：
4音節語句は、一般的に第4音節を強く読む。例えば：

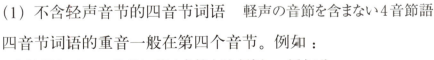

gōnggòng qìchē　　gāosù gōnglù　　míngshèng gǔjì　　ài bú shì shǒu
公共　汽车　　　　高速　公路　　　名胜　古迹　　　爱不释手

(2) 含轻声音节的四音节词语　軽声の音節を含む4音節語

含有轻声音节的四音节词语一般为形容词，第二个音节一般为轻声音节，第四个音节为重读音节。例如：

軽声音節を含む4音節単語は一般的に形容詞であり、第2音節は軽声音節となり、第4音節は最も強く読む音節となる。例えば：

duōduosuōsuō	huànghuangyōuyōu	mòmojījī	pīlipālā
哆哆嗦嗦	晃晃悠悠	磨磨唧唧	噼里啪啦

汉字　漢字

1　汉字的笔画（9）：乁、亅　漢字の筆画（9）：乁，亅

笔画名称 筆画	运笔方向 運筆方向	例字 用例
乁 横折斜钩 héngzhéxiégōu 横−折れ−そり−はね	乁	飞 fēi 飛ぶ 风 fēng 風
亅 弯钩 wāngōu そり−はね	亅	狗 gǒu イヌ 猫 māo ネコ

2　认识独体字　独体字を知る

(1) "手"，字形是一只手的形象，表示"手"的意思。

　　"手"の字形は1本の手の形に似ており、"手"という意味を表す。

shǒu

(2) "丈"，本义是手持拐杖的老者，现在是长度单位。

　　"丈"は本来手に杖を持った老人を意味していたが、現在は長さの単位である。

zhàng

(3) "夫",本义是成年男子,现在多指家庭中的男性、丈夫。
　　"夫"は本来青年男性の意味だが、現在は家庭の中の男性・夫を指す。

3　汉字偏旁"木"和"刂"　漢字の部首"木"と"刂"

偏旁 部首	解释 解釈	例字 用例		
木	木字旁,一般和植物有关系。 「きへん」は、一般的に植物と関係がある。	杯	bēi	カップ、グラス
		椅	yǐ	椅子
刂	立刀旁,一般和刀有关系。 「りっとう」は、一般的に刀と関係がある。	别	bié	去る、別れる
		到	dào	到着する

运用　応用

1　双人活动　ペアワーク

两人一组,把几个同学的笔、书、杯子等物品放在一起,然后通过询问确定哪个物品是哪位同学的。

ペアになり、数名のクラスメートのペン・本・カップなどを一緒に置き、どれが誰の物か尋ねて確認しましょう。

例如：
A：这个 红色 的杯子是你的吗？
　　Zhège hóngsè de bēizi shì nǐ de ma?

B：不 是 我 的。
　　Bú shì wǒ de.

A：旁边 粉色的杯子是你的 吗？
　　Pángbiān fěnsè de bēizi shì nǐ de ma?

B：是 我 的。
　　Shì wǒ de.

物品 物品	杯子 bēizi	笔 bǐ	书 shū	报纸 bàozhǐ	钱 qián
位置 位置	左边 zuǒbian	右边 (yòubian，右)	前边 qiánbian	后边 hòubian	旁边 pángbiān
颜色 色	红色 hóngsè	粉色 fěnsè	白色 (báisè，白)	黑色 (hēisè，黑)	蓝色 (lánsè，青)

2 小组活动　グループワーク

3～4人一组，边画边介绍你家的房间。

3～4人で1つのグループを作り、絵を描きながらあなたの家の部屋を紹介しましょう。

例如：
Zuǒbian de fángjiān shì wǒ bàba māma de, tāmen de fángjiān hěn dà.
左边 的 房间 是 我爸爸 妈妈 的，他们 的 房间 很 大。

Pángbiān de shì wǒ de, wǒ de fángjiān shì fěnsè de.
旁边 的 是 我 的，我 的 房间 是 粉色 的。

Diànnǎo zài zhuōzi shang, zhuōzi zài chuáng pángbiān.
电脑 在 桌子 上，桌子 在 床(ベッド) 旁边。

Zhège gōngzuò shì tā bāng wǒ jièshào de
这个工作是他帮我介绍的
この仕事は彼が私に紹介してくれたのです

热身
ウォームアップ

1 给下面的词语选择对应的图片　下の語句に合う写真を選びましょう。

　　shēngrì　　　　　　　　wǎnshang　　　　　　　liǎng ge érzi
① 生日_____　② 晚上_____　③ 两 个儿子_____

　　diànhuà　　　　　　　　kàn shū　　　　　　　　gōngzuò
④ 电话_____　⑤ 看书_____　⑥ 工作_____

2 看下面的图片，给这些名词搭配合适的动词
下の写真を見て、名詞に合う動詞を組み合わせましょう。

māma
_____妈妈

yīshēng
_____医生

péngyou
_____朋友

diànhuà
_____电话

HSK 标准教程 2
スタンダードコース 2

课文 / 本文

1 在教室　教室で　🎧 04-1

A: Shēngrì kuàilè! Zhè shì sòng gěi nǐ de!
　　生日 快乐！这是送给你的！

B: Shì shénme? Shì yì běn shū ma?
　　是什么？是一本书吗？

A: Duì, zhè běn shū shì wǒ xiě de.
　　对，这本书是我写的。

B: Tài xièxie nǐ le!
　　太谢谢你了！

日本語訳

A: 誕生日おめでとう！これはあなたへの贈り物です。
B: これはなんですか？本ですか？
A: そうです、この本は私が書きました。
B: それはありがとうございます！

新出単語

1. 生日　shēngrì　名詞　誕生日
2. 快乐　kuàilè　形容詞　幸せである、うれしい
3. 给　gěi　介詞　（動詞の後に用いて）あげる

2 在家里　家で　🎧 04-2

A: Zǎoshang yǒu nǐ yí ge diànhuà.
　　早上有你一个电话。

B: Diànhuà shì shéi dǎ de?
　　电话是谁打的？

A: Bù zhīdào, shì érzi jiē de.
　　不知道，是儿子接的。

B: Hǎo, wǎnshang wǒ wèn yíxià érzi.
　　好，晚上我问一下儿子。

日本語訳

A: 朝、あなたに電話がありました。
B: 誰がかけてきたのですか？
A: 知りません、息子が出ました。
B: そうですか、夜に息子に聞いてみます。

新出単語

*4. 接　jiē　動詞　受け取る、（電話に）出る
5. 晚上　wǎnshang　名詞　夜
6. 问　wèn　動詞　尋ねる

3　在运动场　運動場で　04-3

A: Nǐ xǐhuan tī zúqiú ma?
　　你喜欢踢足球吗？

B: Fēicháng xǐhuan.
　　非常　喜欢。

A: Nǐ shì shénme shíhou kāishǐ tī zúqiú de?
　　你是 什么 时候 开始踢足球的？

B: Wǒ shíyī suì de shíhou kāishǐ tī zúqiú, yǐjīng tī le shí nián le.
　　我十一岁的 时候开始踢足球，已经踢了十 年 了。

日本語訳
A: あなたはサッカーをするのが好きですか？
B: はい、とても好きです。
A: あなたはいつサッカーを始めたのですか？
B: 11歳の時にサッカーを始めたので、もう10年になります。

新出単語
7. 非常　fēicháng　副詞　とても、非常に
8. 开始　kāishǐ　動詞　始める
9. 已经　yǐjīng　副詞　すでに、もう

4　在公司　会社で　04-4

A: Nǐ zài zhèr gōngzuò duō cháng shíjiān le?
　　你在这儿工作 多 长 时间了？

B: Yǐjīng liǎng nián duō le, wǒ shì èr líng yī yī nián lái de.
　　已经 两 年 多了，我是2011 年来的。

A: Nǐ rènshi Xiè xiānsheng ma?
　　你认识谢 先生 吗？

B: Rènshi, wǒmen shì dàxué tóngxué, zhège gōngzuò shì tā bāng wǒ jièshào de.
　　认识，我们是 大学 同学，这个 工作是他帮 我介绍 的。

日本語訳
A: あなたはここでどれくらい仕事をしていますか？
B: もう2年あまりになります。私は2011年に来たのです。
A: 謝さんをご存じですか？
B: はい、知っています。私たちは大学のクラスメートで、この仕事は彼が私に紹介してくれたのです。

新出単語
10. 长　cháng　形容詞　長い
11. 两　liǎng　数詞　2（数量・分量を数える）
12. 帮　bāng　動詞　助ける
13. 介绍　jièshào　動詞　紹介する、推薦する

注释
注釈

1 "是……的"句：强调施事　"是…的"構文：行為を強調する

在已经知道事情发生的情况下，可以用"是……的"强调动作的发出者。例如：
すでに行為の発生を認識した状況において、"是……的"を用いて動作の主体者を強調することができる。例えば：

目的語	是（動詞）	谁（誰）	动作（動詞）	的
这本书	是	我	买	的。
晚饭	是	妈妈	做	的。
电话	是	谁	打	的？

否定形式在"是"的前边加"不"。例如：
否定形は"是"の前に"不"をつける。例えば：

目的語	不	是	谁（誰）	动作（動詞）	的
这个汉字	不	是	大卫	写	的。
苹果	不	是	王方	买	的。
电话	不	是	我	接	的。

2 表示时间：……的时候　時間を表す："…的时候"

"数量＋的时候"表示时间。例如：
「数量詞＋"的时候"」で時間を表す。例えば：

(1) 今天早上八点的时候我没在家。
(2) 我十八岁的时候一个人来到北京。
(3) 我十一岁的时候开始踢足球。

"动词＋的时候"也表示时间。例如：
「動詞＋"的时候"」でも時間を表す。例えば：

(1) 我睡觉的时候，我妈妈在做饭。
(2) 麦克到学校的时候下雨了。
(3) 王老师工作的时候，她丈夫开车去医院了。

3 时间副词"已经" 時間副詞"已经"

"已经"表示动作完成或者达到某种程度。例如：
"已经"は動作が完了したこと、またはある程度に達したことを表す。例えば：

(1) 王老师已经回家了。
(2) 我的身体已经好了。
(3)（足球我）已经踢了十年了。

练习
練習

1 分角色朗读课文　役に分かれて本文を読みましょう。

2 根据课文内容回答问题　本文の内容に基づいて、質問に答えましょう。

① 这本书是谁写的？　Zhè běn shū shì shéi xiě de?
② 早上的电话是谁接的？　Zǎoshang de diànhuà shì shéi jiē de?
③ 他是什么时候开始踢足球的？　Tā shì shénme shíhou kāishǐ tī zúqiú de?
④ 他在那儿工作多长时间了？　Tā zài nàr gōngzuò duō cháng shíjiān le?
⑤ 工作是谁帮他介绍的？　Gōngzuò shì shéi bāng tā jièshào de?

3 用本课新学的语言点和词语描述图片
本課で学んだ文法ポイントと語句を使って、写真について述べましょう。

Wǒ zài zuò fàn ne, shì Mǎdīng　　　 de diànhuà.
我在做饭呢，是马丁_____的电话。

Zhège gōngzuò shì Wáng Fāng bāng wǒ
这个　工作　是　王　方　帮　我
de, wǒ xiǎng qǐng tā chī fàn.
____的，我　想　请　她　吃饭。

Zhè běn shū shì wǒ xiě de, wǒ shì èrshí suì
这　本　书　是　我　写　的，我　是　二十　岁
de　　 kāishǐ xiě shū de.
的____开　始　写　书　的。

Wǒ shì liù suì kāishǐ dǎ lánqiú de, wǒ　　 xǐhuan dǎ lánqiú.
我　是　六　岁　开始　打　篮球　的，我____喜欢　打　篮球。

HSK 标准教程 2 / スタンダードコース 2

语音 / 発音

句子的语法重音（1）　文中の文法アクセント（1） 04-5

在不表示特殊的思想和感情的情况下，根据语法结构的特点，把句子的某些部分重读的，叫语法重音。语法重音的位置比较固定，常见的规律是：谓语重读，补语重读，定语重读，状语重读。

特殊な思想や感情を表さない状況のもとで、文法構造の特徴に基づき、文のある部分を強く読むことを、文法アクセントと言う。文法アクセントの位置は比較的固定されており、一般的に見られる規則は、述語アクセント、補語アクセント、定語（連体修飾語）アクセント、状語（連用修飾語）アクセントである。

(1) 谓语重读　述語アクセント

　　Wǒ xuéxí Hànyǔ.
　　我 学习 汉语。

　　Tā gēge shì yì míng yīshēng.
　　他 哥哥 是 一 名 医生。

　　Wáng xiǎojiě mǎile jǐ jiàn yīfu.
　　王 小姐 买了 几 件 衣服。

(2) 补语重读　補語アクセント

　　Tāmen gāoxìng de tiàole qilai.
　　他们 高兴 得 跳了 起来。

　　Dàwèi dǎ lánqiú dǎ de fēicháng hǎo.
　　大卫 打 篮球 打得 非常 好。

　　Jīntiān de yángròu zuò de hěn hǎochī.
　　今天 的 羊肉 做得 很 好吃。

汉字 / 漢字

1 汉字的笔画（10）：ㄥ、㇉　漢字の筆画（10）：ㄥ、㇉

笔画名称 筆画	运笔方向 運筆方向	例字 用例
ㄥ 竖提　shùtí 縦－はね	ㄥ	长　cháng　長い 民　mín　民
㇉ 竖折折钩 shùzhézhégōu 縦－折れ－折れ－はね	㇉	马　mǎ　馬 写　xiě　書く

2 认识独体字　独体字を知る

(1) "两"，字形像双套马车上架在马脖子上的器具和一对马鞍，意思是"二"、"双"。

"两"の字形は2台の馬車の、馬の首にかけた馬具と一対の鞍に似ており、「二」、「双」の意味である。

(2) "乐"，繁体（樂）本义为乐器，又指"音乐"（读 yuè），后来引申为"喜悦"、"高兴"（读 lè）。

"乐"の繁体字（樂）は本来楽器の意味で、「音楽（発音は"yuè"）」も指す。後に「喜ぶ」、「うれしい（発音は"lè"）」などの意味が派生した。

(3) "长"，本义是拄拐杖的老人，现在除表示"年纪大的"（读 zhǎng）以外，还表示两段之间的距离大（读 cháng）。

"长"は本来、杖を握った老人を意味していたが、現在では「年齢が大きい（発音は"zhǎng"）」ことを表す以外に、2つの間の距離が大きいことを表す（発音は"cháng"）。

3 汉字偏旁"纟"和"忄"　漢字の部首"纟"と"忄"

偏旁 部首	解释 解釈	例字 用例		
纟	绞丝旁，一般和丝有关系。 「いとへん」は、一般的に糸と関係がある。	给 结	gěi jié	あげる 結ぶ、知る
忄	竖心旁，一般和人的心理有关系。 「りっしんべん」は、一般的に人の心理と関係がある。	忙 快	máng kuài	忙しい 速い

HSK 标准教程 2 / スタンダードコース 2

运用 / 応用

1 双人活动　ペアワーク

两人一组，对同学桌子上的东西进行提问。
ペアになり、クラスメートの机の上の物について尋ねましょう。

例如：
A: Zhège bǐ shì nǐ mǎi de ma?
　　这个笔是你买的吗？

B: Bú shì, shì wǒ māma mǎi de.
　　不是，是我妈妈买的。

A: Zhège Hànzì shì nǐ xiě de ma?
　　这个汉字是你写的吗？

B: Duì, shì wǒ xiě de.
　　对，是我写的。

2 小组活动　グループワーク

3～4人一组，各带一张生日晚会的照片（类似下图），根据图片上的信息，说一说这个生日晚会是怎么准备的。

3～4人で1つのグループを作り、それぞれ1枚ずつ誕生会の写真（下の写真のような）を持ち寄り、写真に写った情報に基づいて、その誕生日パーティーをどのように準備したか話しましょう。

例如：
A: Zhège cài shì shéi zuò de?
　　这个菜是谁做的？

B: Shì māma zuò de.
　　是妈妈做的。

A: Píngguǒ shì nǐ mǎi de ma?
　　苹果是你买的吗？

B: Bú shì wǒ mǎi de.
　　不是我买的。

5 就买这件吧
Jiù mǎi zhè jiàn ba
これを買いましょう

热身
ウォームアップ

1 给下面的词语选择对应的图片　下の語句に合う写真を選びましょう。

① yú 鱼＿＿＿＿ ② kāfēi 咖啡＿＿＿＿ ③ kǎo shì 考试＿＿＿＿

④ yīfu 衣服＿＿＿＿ ⑤ dǎ qiú 打球＿＿＿＿ ⑥ xiūxi 休息＿＿＿＿

2 看下面的图片，说说他们在什么地方做什么
下の写真を見て、彼らがどこで何をしているか言いましょう。

① zài (fànguǎn) chī fàn 在（饭馆）吃饭　　② zài (kāfēiguǎn) hē kāfēi 在（咖啡馆）喝咖啡

③ zài (xuéxiào) kǎo shì 在（学校）考试　　④ zài (shāngdiàn) mǎi yīfu 在（商店）买衣服

HSK 标准教程 2 / スタンダードコース 2

课文 / 本文

1 在家里　家で　05-1

A: Wǎnshang wǒmen qù fànguǎn chī fàn, zěnmeyàng?
　 晚上 我们 去 饭馆 吃饭，怎么样？

B: Wǒ bù xiǎng qù wàimiàn chī, wǒ xiǎng zài jiā chī.
　 我 不 想 去 外面 吃，我 想 在 家 吃。

A: Nà nǐ zhǔnbèi zuò shénme ne?
　 那 你 准备 做 什么 呢？

B: Jiù zuò nǐ ài chī de yú ba.
　 就 做 你 爱 吃 的 鱼 吧。

日本語訳

A: 夜、私たちはレストランへ行って食事をするのはどうですか？
B: 私は外へ行って食べたくありません。家で食べたいです。
A: ではあなたは何を作るつもりですか？
B: では、あなたが好きな魚（料理）を作りましょう。

新出単語

1.	外面	wàimiàn	名詞	外側
2.	准备	zhǔnbèi	動詞	準備する、〜するつもりである
3.	就	jiù	副詞	肯定や決断を強める、前の文を受けて結論を表す
4.	鱼	yú	名詞	魚
5.	吧	ba	助詞	文末に用いて推量・提案・命令などを表す

2 在商店　店で 05-2

A: Bāng wǒ kàn yíxià zhè jiàn yīfu zěnmeyàng?
　 帮 我 看 一下 这 件 衣服 怎么样？

B: Yánsè hái kěyǐ, jiùshì yǒudiǎnr dà.
　 颜色 还 可以，就是 有点儿 大。

A: Zhè jiàn xiǎo de zěnmeyàng?
　 这 件 小 的 怎么样？

B: Zhè jiàn búcuò, jiù mǎi zhè jiàn ba.
　 这 件 不错，就 买 这 件 吧。

日本語訳

A: この服はどうか、ちょっと見てもらえますか。
B: 色はまあまあですが、少し大きいです。
A: この小さいのはどうですか？
B: これは良いですね、これを買いましょう。

新出単語

6.	件	jiàn	量詞	〜着（服など）
7.	还	hái	副詞	まずまず、かなり、少し
8.	可以	kěyǐ	形容詞	まあまあである
9.	不错	búcuò	形容詞	良い、なかなかである

3 在教室　教室で 05-3

A: Jīntiān qù bu qù dǎ qiú?
今天 去不去打球？

B: Zhè liǎng tiān yǒudiǎnr lèi, bú qù dǎ qiú le.
这 两 天有点儿累， 不去打球了。

A: Nǐ zài zuò shénme ne? Shì zài xiǎng zuótiār de kǎoshì ma?
你在做 什么呢？是在 想 昨天的考试吗？

B: Shì a, wǒ juéde tīng hé shuō hái kěyǐ, cú hé xiě bù hǎo, hěn duō zì wǒ dōu bù zhīdào shì shénme yìsi.
是啊，我 觉得听和 说 还可以，读和写不好，很多字我 都不知道是 什么意思。

日本語訳
A: 今日バッティングに行きませんか?
B: いいえ、ここ数日少し疲れているので、バッティングには行きません。
A: 何をしているのですか? 昨日の試験の事を考えているのですか?
B: そうです。リスニングとスピーキングはまあまあでしたが、リーディングとライティングがよくなく、多くの字がどのような意味かまったく分かりませんでした。

新出単語
10. 考试 kǎoshì　名詞　試験
11. 意思 yìsi　　名詞　意味

4 在公司　会社で 05-4

A: Xiūxi yíxià ba, hē kāfēi ma?
休息一下吧， 喝咖啡吗？

B: Bù hē le, wǒ yǐjīng hē liǎng bēi le.
不喝了，我已经喝 两 杯了。

A: Shì a, kāfēi hē duō le duì shēntǐ bù hǎo.
是啊，咖啡喝多了对身体不好。

B: Yǐhòu wǒ shǎo hē yìdiǎnr, měi tiān hē yì bēi.
以后我 少 喝一点儿，每 天 喝一杯。

日本語訳
A: 少し休憩しましょう。コーヒーを飲みますか?
B: いいえ、やめておきます。私はもう2杯飲みました。
A: そうですか、コーヒーの飲みすぎは体に良くありません。
B: これからは飲むのを控えめにして、1日1杯にします。

新出単語
12. 咖啡 kāfēi　名詞　コーヒー
13. 对　 duì　 介詞
　　（名詞や代詞の前に用いて）〜に
14. 以后 yǐhòu　名詞　今後、これから

注释
注釈

1　副词"就"　副詞"就"

"就+动词"表示承接上文，得出结论。例如：
「"就"+動詞」で前の文を受けて結論を出すことを表す。例えば：

(1) 你不想去，就在家休息吧。
(2) 这儿的咖啡不错，就喝咖啡吧。
(3) 就做你爱吃的鱼吧。

＊注意：在"颜色还可以，就是有点儿大"这句话中，"就是"表示让步。
＊注意："颜色还可以，就是有点儿大"の文中では、"就是"は譲歩を表す。

2　语气副词"还"(1)　語気副詞"还"(1)

"还+形容词"表示勉强过得去。例如：
「"还"+形容詞」で、どうにか我慢できることを表す。例えば：

(1) A: 你身体怎么样？
　　B: 还好。
(2) A: 这件衣服大吗？
　　B: 还行，不太大。
(3) A: 昨天的考试怎么样？
　　B: 我觉得听和说还可以，读和写不好。

3　程度副词"有点儿"　程度副詞"有点儿"

"有点儿+形容词/动词"，一般表示说话人消极、不满的情绪。例如：
「"有点儿"+形容詞/動詞」で、話し手の消極的・不満な気持ちを表す。例えば：

(1) 今天天气有点儿冷。
(2) 我昨天有点儿累。
(3)（这件衣服）有点儿大。

练习
練習

1　分角色朗读课文　役に分かれて本文を読みましょう。

2　根据课文内容回答问题　本文の内容に基づいて、質問に答えましょう。

❶ 今天晚上他们在哪儿吃饭？　Jīntiān wǎnshang tāmen zài nǎr chī fàn?

② 她觉得那件衣服怎么样？　Tā juéde nà jiàn yīfu zěnmeyàng?

③ 她今天为什么不去打球了？　Tā jīntiān wèi shénme bú qù dǎ qiú le?

④ 她觉得昨天的考试怎么样？　Tā juéde zuótiān de kǎoshì zěnmeyàng?

⑤ 他为什么以后每天就喝一杯咖啡？
　　Tā wèi shénme yǐhòu měi tiān jiù hē yì bēi kāfēi?

3　用本课所学的语言点和词语描述图片
本課で学んだ文法ポイントと語句を使って、写真について述べましょう。

Zhè jiàn yīfu ＿＿＿＿ búcuò, jiùshì yǒudiǎnr xiǎo.
这 件 衣服＿＿＿＿不错，就是有点儿 小。

Jīntiān ＿＿＿＿ wǎn, wǒmen míngtiān zài kàn ba.
今天＿＿＿＿晚，我们 明天 再 看 吧。

Zhège kāfēiguǎn de kāfēi ＿＿＿＿, wǒ měi tiān lái hē yì bēi.
这个 咖啡馆 的咖啡＿＿＿＿，我 每 天 来喝一杯。

Nǐmen bú qù wàimiàn chī, wǒ xiànzài ＿＿＿ zhǔnbèi wǎnfàn.
你们 不 去 外面 吃，我 现在＿＿＿准备 晚饭。

语音 発音

句子的语法重音（2）　文中の文法アクセント（2） 🎧 05-5

（1）定语重读　定語（連体修飾語）アクセント

Nà shì wǒ māma zuò de Zhōngguó cài.
那 是 我 妈妈 做 的 中国 菜。

Nàge xuéxiào shì Lǐ lǎoshī gōngzuòle hěn duō nián de dìfang.
那个 学校 是 李老师 工作了 很 多 年 的 地方。

Wǒ zuì xǐhuan hóngsè de yīfu.
我 最 喜欢 红色 的 衣服。

（2）状语重读　状語（連用修飾語）アクセント

Nǐ de bēizi jiù zài nàr.
你的杯子就在那儿。

Dàwèi de gǒu fēi yíyàng de pǎole guòqu.
大卫的狗飞一样地跑了过去。

Wǒ bàba shì yīshēng, měi tiān cóng zǎo dào wǎn máng gōngzuò.
我爸爸是医生，每天从早到晚忙工作。

汉字　漢字

1　认识独体字　独体字を知る

（1）"鱼"，字形像头身齐全的鱼，表示"鱼"的意思。
　　"鱼"の字形は魚全体の姿に似ており、「魚」の意味である。

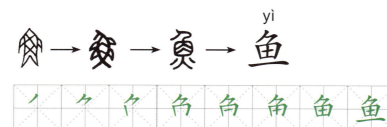

（2）"衣"，字形像中国古代的上衣，现在泛指衣服。
　　"衣"の字形は中国古代の上着に似ており、現在では広く衣服を指す。

2　汉字偏旁"孑"和"广"　漢字の部首"孑"と"广"

偏旁 部首	解释 解釈	例字 用例		
孑	子字旁，一般和孩子有关系。 「こへん」は、一般的に子供と関係がある。	孩 孙	hái sūn	子供 孫
广	广字头，一般和建筑有关系。 「まだれ」は、一般的に建物と関係がある。	店 床	diàn chuáng	店 ベッド

运用 应用

1 双人活动　ペアワーク

两人一组，询问对方的喜好。
ペアになり、相手の好みを尋ねましょう。

例如：
A：Nǐ xǐhuan chī yú ma?
　　你喜欢吃鱼吗？

B：Hái kěyǐ.
　　还可以。

A：Nǐ xǐhuan hē kāfēi ma?
　　你喜欢喝咖啡吗？

B：Bù xǐhuan, kāfēi yǒudiǎnr kǔ.
　　不喜欢，咖啡有点儿苦（苦い）。

lǚyóu, kàn diànyǐng, dǎ lánqiú,
旅游、看电影、打篮球、

chī Zhōngguó cài
吃中国菜

2 小组活动　グループワーク

3～4人一组，互相询问并记录你的同学对某样东西或者某件事的看法，每组请一位同学报告情况。

3～4人で1つのグループを作り、お互いにクラスメートのある物事に対する見方を尋ねて記録し、グループごとに1人報告する人を決めて、クラスのみんなに発表しましょう。

例如：
A：Nǐ juéde zhè jiàn yīfu piàoliang ma?
　　你觉得这件衣服漂亮吗？

B：Fēicháng piàoliang.
　　非常漂亮。

A：Nǐ xǐhuan xiě Hànzì ma?
　　你喜欢写汉字吗？

B：Hái kěyǐ.
　　还可以。

	人名 名前	非常+形容詞	还可以/还不错	有点儿+形容詞	不+形容詞
1	小王 Xiǎo Wáng	衣服 yīfug	写汉字 xiě Hànzì		

文化　文化

中国人的餐桌礼仪　中国人のテーブルマナー

　　中国人无论在家还是在饭馆，多人聚餐时一般会坐圆形餐桌，这样大家都可以面对面。在饭馆里入座的时候，主人的右手边是主客，左手边是次重要的客人。主人对面上菜的位置一般不能给客人坐。

　　通过餐桌上的菜也可以分辨主客。如果有鱼，鱼头要对着最主要的客人，表示主人对客人的尊重。

中国人は家でもレストランでも、数人で食事をする時には円卓に座り、皆が向かい合うようにします。レストランで着席する時、ホストの右手側にメインゲスト、左手側に次に重要なゲストが座ります。ホストの向かいの料理を出す位置には、ゲストを座らせません。

テーブルの上の料理でもホストとゲストを分けます。例えば魚があれば、魚の頭は最も重要なゲストに取り分け、ホストがゲストを尊重していることを表します。

6 Nǐ zěnme bù chī le
你怎么不吃了
あなたはどうしてもう食べないのですか

热身
ウォームアップ

1 给下面的词语选择对应的图片　下の語句に合う写真を選びましょう。

 A
 B
 C
 D
 E
 F

① hē niúnǎi 喝牛奶＿＿＿
② qǐ chuáng 起床＿＿＿
③ pǎo bù 跑步＿＿＿
④ kàn bàozhǐ 看报纸＿＿＿
⑤ chī yào 吃药＿＿＿
⑥ dǎ lánqiú 打篮球＿＿＿

2 看下面的图片，用汉语说出它们的名字
下の写真を見て、中国語で名前を言いましょう。

① ＿＿＿

② ＿＿＿

③ ＿＿＿

④ ＿＿＿

HSK 标准教程 2
スタンダードコース 2

课文 / 本文

1　在学校　学校で　🎧 06-1

Nǐ zhīdào Xiǎo Wáng jīntiān shénme shíhou lái xuéxiào ma?
A: 你知道小王今天什么时候来学校吗?

Tā yǐjīng lái le.
B: 他已经来了。

Nǐ zěnme zhīdào tā lái le?
A: 你怎么知道他来了?

Wǒ zài mén wài kànjiàn tā de zìxíngchē le.
B: 我在门外看见他的自行车了。

日本語訳
A: あなたは、王さんが今日いつ学校に来るか、知っていますか?
B: はい、彼はもう来ています。
A: どうして彼が来ていると分かるのですか?
B: 門の外で彼の自転車を見ました。

新出単語
1. 门　　　　mén　　　　名詞　ドア、門
2. 外　　　　wài　　　　名詞　外、外側
*3. 自行车　zìxíngchē　名詞　自転車

2　在饭馆　レストランで　🎧 06-2

Jīntiān de yángròu hěn hǎochī, nǐ zěnme bù chī le?
A: 今天的羊肉很好吃，你怎么不吃了?

Zhège xīngqī tiāntiān dōu chī yángròu, bù xiǎng chī le.
B: 这个星期天天都吃羊肉，不想吃了。

Nà nǐ hái xiǎng chī shénme?
A: 那你还想吃什么?

Lái yìdiǎnr miàntiáo ba.
B: 来一点儿面条吧。

日本語訳
A: 今日のマトンはとてもおいしいです。あなたはどうしてもう食べないのですか?
B: 今週は毎日マトンを食べたので、食べたくありません。
A: ではあなたは、ほかに何を食べたいですか?
B: 麺を少し頼みましょう。

新出単語
4. 羊肉　　yángròu　　名詞　　マトン、羊肉
5. 好吃　　hǎochī　　　形容詞　おいしい
6. 面条　　miàntiáo　　名詞　　麺

3　在健身房　ジムで　06-3

A: Zuótiān nǐmen zěnme dōu méi qù dǎ lánqiú?
　昨天 你们 怎么 都 没 去 打篮球？

B: Yīnwèi zuótiān xià yǔ, suǒyǐ wǒmen dōu méi qù.
　因为 昨天 下雨，所以 我们 都 没 去。
　Wǒ qù yóu yǒng le.
　我 去 游 泳 了。

A: Nǐ jīngcháng yóu yǒng ma?
　你 经常 游 泳 吗？

B: Zhège yuè wǒ tiāntiān yóu yǒng, wǒ xiànzài qīshí gōngjīn le.
　这个 月 我 天天 游 泳，我 现在 七十公斤 了。

日本語訳
A: 昨日あなたたちはどうして皆バスケットをしに行かなかったのですか?
B: 昨日は雨だったので、私たちは皆行きませんでした。私は水泳に行きました。
A: あなたはよく水泳をしますか?
B: はい、今月は私は毎日水泳をしているので、私は今は70キログラムになりました。

新出単語
7. 打篮球　dǎ lánqiú　バスケットボールをする
8. 因为　yīnwèi　連詞　なぜなら
9. 所以　suǒyǐ　連詞　だから
10. 游泳　yóu yǒng　動詞　泳ぐ、水泳をする
*11. 经常　jīngcháng　副詞　よく、頻繁に
*12. 公斤　gōngjīn　量詞　〜キログラム

4　在办公室　オフィスで　06-4

A: Zhè liǎng tiān zěnme méi kànjiàn Xiǎo Zhāng?
　这 两 天 怎么 没 看见 小 张？

B: Tā qù Běijīng le.
　他 去 北京 了。

A: Qù Běijīng le? Shì qù lǚyóu ma?
　去 北京 了？ 是 去 旅游 吗？

B: Bú shì, tīngshuō shì qù kàn tā jiějie.
　不是，听说 是 去 看 他 姐姐。

日本語訳
A: ここ数日、どうして張さんを見ないのでしょうか?
B: 彼は北京へ行きました。
A: 北京へ行ったのですか? 旅行ですか?
B: いいえ、彼のお姉さんに会いに行ったそうです。

新出単語
13. 姐姐　jiějie　名詞　姉、お姉さん

HSK 标准教程 2
スタンダードコース 2

注释 注釈

1 疑问代词"怎么" 疑問代詞"怎么"

用"怎么＋动词/形容词"询问事情的原因，多表示奇怪、惊讶的语气。例如：
「"怎么"＋動詞/形容詞」を用いて、物事の原因を尋ね、いぶかるニュアンスを強く表す。例えば：

主語	述語	
	怎么	动词/形容词（動詞/形容詞）
你	怎么	不高兴？
今天	怎么	这么热？
昨天你们	怎么	都没去打篮球？

2 量词的重叠 量詞の重ね型

量词重叠后表示"每一"的意思，常用来强调在某个范围内的每个成员都具有某种特征，后面一般用"都"。例如：
量詞は重ねると「それぞれ」という意味を表し、ある範囲内にいるすべての人々が、ある特徴を備えていることを強調する。後ろには"都"を用いる。例えば：

主語	AA	都……
同学们	个个	都很高兴。
这个商店的衣服	件件	都很漂亮。
这个星期（我）	天天	都吃羊肉。

3 关联词"因为……，所以……" 関連詞"因为…，所以…"

连接两个表示因果关系的分句，前一分句表示原因，后一分句表示结果。使用时可以成对出现，也可以省略其中一个。例如：
2つの因果関係を表す節をつなげ、前の節は原因を表し、後ろの節が結果を表す。セットで使うことも、どちらかを省略して使うこともできる。例えば：

因为……，	所以……
因为她生病了，	所以没去学校。
因为他每天跑步，	所以身体很好。
因为昨天下雨，	所以我们都没去（打篮球）。

练习 / 練習

1 分角色朗读课文　役に分かれて本文を読みましょう。

2 根据课文内容回答问题　本文の内容に基づいて、質問に答えましょう。

① 小王今天来学校了吗？　Xiǎo Wáng jīntiān lái xuéxiào le ma?

② 他看见小王了没有？　Tā kànjiàn Xiǎo Wáng le méiyǒu?

③ 为什么他今天不想吃羊肉？　Wèi shenme tā jīntiān bù xiǎng chī yángròu?

④ 为什么昨天他们都没去打篮球？
　Wèi shénme zuótiān tāmen dōu méi qù dǎ lánqiú?

⑤ 小张为什么去北京？　Xiǎo Zhāng wèi shénme qù Běijīng?

3 用本课新学的语言点和词语描述图片
本課で学んだ文法ポイントと語句を使って、写真について述べましょう。

Zhèr de yīfu ＿＿＿＿＿＿＿＿ jiànjiàn
这儿的衣服＿＿＿＿＿＿＿＿。（件件）

Nǚháirmen ＿＿＿＿＿＿＿＿ gègè
女孩儿们＿＿＿＿＿＿＿＿。（个个）

Yīnwèi tiānqì hěn lěng, suǒyǐ wǒ
因为 天气 很 冷，所以我
＿＿＿＿＿＿＿＿＿。

Yīnwèi ＿＿＿＿＿ suǒyǐ wǒmen zài jiā chī wǎnfàn.
因为＿＿＿＿＿，所以我们在家吃晚饭。

HSK 标准教程 2 / スタンダードコース 2

语音 / 発音

句子的逻辑重音　文中のロジカル・アクセント 06-5

一个句子中，说话人想要表达比较重要的信息或者内容，往往要说得重一些，这个重读的成分就叫作逻辑重音。逻辑重音又叫强调重音。

在不同语境中，逻辑重音出现在不同的位置。例如：

1つの文中で、話し手が重要な情報や内容を示したい時にやや強く言う。このアクセントの要素をロジカル・アクセントと言う。ロジカル・アクセント、または強調アクセントとも言う。異なる文脈の中では、ロジカル・アクセントは異なる位置に置かれる。例えば：

　　　　Shéi zài fángjiān xuéxí Hànyǔ ne?
A:　谁　在 房间　学习 汉语 呢？

　　　　Tā zài fángjiān xuéxí Hànyǔ ne.
B:　他 在 房间　学习 汉语 呢。

　　　　Tā zài nǎr xuéxí Hànyǔ ne?
A:　他 在 哪儿 学习 汉语 呢？

　　　　Tā zài fángjiān xuéxí Hànyǔ ne.
B:　他 在 房间　学习 汉语 呢。

同样一句话，逻辑重音的位置不同，语义的重点也会发生变化。例如：

同じ1つの文でもロジカル・アクセントの位置が異なると、語意の重点にも変化が生じる。例えば：

　　　　Tā zài fángjiān xuéxí Hànyǔ ne.
A:　他 在 房间　学习 汉语 呢。
　　（是他在房间学习汉语，不是别的人。
　　　彼が部屋で中国語を勉強しているのであり、ほかの人ではない。）

　　　　Tā zài fángjiān xuéxí Hànyǔ ne.
B:　他 在 房间　学习 汉语 呢。
　　（他是在房间学习汉语，不是在别的地方。
　　　彼は部屋で中国語を勉強しているのであり、ほかの場所ではない。）

汉字 / 漢字

1　认识独体字　独体字を知る

(1)"门"，本义是房屋入口处可开关的两块门板。

　　"门"は本来、家の入り口にある開閉式の2枚の戸板の意味である。

mén

（2）"羊"，字形像正面的羊头，表示"羊"的意思。
　　　"羊"の字形は正面から見た羊の頭に似ており、「羊」を意味する。

2　汉字偏旁"犭"和"忄"　漢字の部首"犭"と"忄"

偏旁 部首	解释 解釈	例字 用例
犭	反犬旁，一般和动物有关系。 「けものへん」は、一般的に動物と関係がある。	猫 māo　ネコ 狗 gǒu　イヌ
忄	心字底，一般和人的思想活动及情感有关系。 「こころ」は、一般的に人の思想活動や感情と関係がある。	想 xiǎng　想う 念 niàn　心にかける

运用　応用

1　双人活动　ペアワーク

两人一组，选择下列短句，用"因为……，所以……"练习说句子。
ペアになり、下の文を選んで"因为……、所以……"を用いた文を作る練習をしましょう。

　　　　　　Yīnwèi tiānqì bù hǎo,
例如：A：因为 天气 不 好，
　　　　suǒyǐ wǒ méi qù shāngdiàn.
　　B：所以 我 没 去 商店。

　gōngzuò tài máng　　　　　　xià yǔ le
① 工作 太 忙　　　　　　⑤ 下 雨 了
　bù néng qù pǎo bù　　　　　bù néng qù lǚyóu
② 不 能 去 跑 步　　　　⑥ 不 能 去 旅游
　Hànzì tài nán le　　　　　　shēntǐ bù hǎo
③ 汉字 太 难 了　　　　　⑦ 身体 不 好
　wǒ bù xǐhuan xiě Hànzì　　tiāntiān chī yào
④ 我 不 喜欢 写 汉字　　⑧ 天天 吃 药

2 小组活动　グループワーク

3～4人一组，用"怎么"互相提问并回答，每组请一位同学报告情况。

3～4人で1つのグループを作り、"怎么"を用いてお互いにQ&Aをし、グループごとに1人報告する人を決めて、クラスのみんなに発表しましょう。

例如：
A: Nǐ zěnme bù chī le?
　　你 怎么 不 吃 了？

B: Wǒ chīhǎo le.
　　我 吃好 了。

	问题 質問	回答 回答
1	不高兴 bù gāoxìng	考试没考好。 Kǎoshì méi kǎohǎo.

7

Nǐ jiā lí gōngsī yuǎn ma
你家离公司远吗
あなたの家は会社から遠いですか

热身
ウォームアップ

1 给下面的词语选择对应的图片　下の語句に合う写真を選びましょう。

A
B
C
D
E
F

① kǎo shì 考试＿＿＿＿
② shāngdiàn 商店＿＿＿＿
③ jīchǎng 机场＿＿＿＿
④ lù 路＿＿＿＿
⑤ jiàoshì 教室＿＿＿＿
⑥ shíjiān 时间＿＿＿＿

2 看下面的图片，用汉语说出它们的名字
下の写真を見て、中国語で名前を言いましょう。

① ＿＿＿

② ＿＿＿

③ ＿＿＿

④ ＿＿＿

HSK 标准教程 2 / スタンダードコース 2

课文 / 本文

1 在家里　家で　07-1

A: Dàwèi huílai le ma?
　　大卫回来了吗？

B: Méiyǒu, tā hái zài jiàoshì xuéxí ne.
　　没有，他还在教室学习呢。

A: Yǐjīng jiǔ diǎn duō le, tā zěnme hái zài xuéxí?
　　已经9点多了，他怎么还在学习？

B: Míngtiān yǒu kǎoshì, tā shuō jīntiān yào hǎohāo zhǔnbèi.
　　明天有考试，他说今天要好好准备。

日本語訳

A: デヴィッドは帰ってきましたか？
B: いいえ、まだです。彼はまだ教室で勉強しています。
A: もう9時過ぎなのに、どうしてまだ勉強しているのですか？
B: 明日試験があるので、今日はしっかり準備しなければいけないと言っていました。

新出単語

1. 教室　jiàoshì　名詞　教室

2 去机场的路上　空港へ行く途中で　07-2

A: Nǐ xiànzài zài nǎr ne?
　　你现在在哪儿呢？

B: Zài qù jīchǎng de lùshang. Nǐ yǐjīng dàole ma?
　　在去机场的路上。你已经到了吗？

A: Wǒ xià fēijī le. Nǐ hái yǒu duō cháng shíjiān néng dào zhèr?
　　我下飞机了。你还有多长时间能到这儿？

B: Èrshí fēnzhōng jiù dào.
　　二十分钟就到。

日本語訳

A: あなたは今どこですか？
B: 空港へ行く途中です。あなたはもう到着しましたか？
A: はい、私は飛行機を降りました。あなたは後どれくらいでここに着きますか？
B: 20分で着きます。

新出単語

2. 机场　jīchǎng　名詞　空港
3. 路　lù　名詞　道

3 在健身房　ジムで　07-3

Nǐ jiā lí gōngsī yuǎn ma?
A: 你家离公司远吗？

Hěn yuǎn, zuò gōnggòng qìchē yào yí ge duō xiǎoshí ne!
B: 很远，坐公共汽车要一个多小时呢！

Zuò gōnggòng qìchē tài màn le, nǐ zěnme bù kāi chē?
A: 坐公共汽车太慢了，你怎么不开车？

Kāi chē yě bú kuài, lùshang chē tài duō le!
B: 开车也不快，路上车太多了！

日本語訳
A: あなたの家は会社から遠いですか?
B: はい、とても遠いです。バスに乗って1時間あまりかかるんですよ！
A: バスは遅すぎます。なぜ車に乗らないのですか?
B: 車でも遅いです。道には車がたくさんですからね！

新出単語
4. 离　　lí　　動詞　　離れる、（隔たりを表す場合の）〜から、〜まで
5. 公司　gōngsī　名詞　会社
6. 远　　yuǎn　形容詞　遠い
7. 公共汽车　gōnggòng qìchē　バス
8. 小时　xiǎoshí　名詞　時間
9. 慢　　màn　形容詞　遅い
10. 快　　kuài　形容詞　速い

4 在路上　道で　07-4

Jīntiān wǎnshang wǒmen yìqǐ chī fàn ba, gěi nǐ guò shēngrì.
A: 今天晚上我们一起吃饭吧，给你过生日。

Jīntiān? Lí wǒ de shēngrì hái yǒu yí ge duō xīngqī ne!
B: 今天？离我的生日还有一个多星期呢！

Xià ge xīngqī wǒ yào qù Běijīng, jīntiān guò ba.
A: 下个星期我要去北京，今天过吧。

Hǎo ba, lí zhèr bù yuǎn yǒu yí ge Zhōngguó fànguǎn,
B: 好吧，离这儿不远有一个中国饭馆，

zǒu jǐ fēnzhōng jiù dào le.
走几分钟就到了。

日本語訳
A: 今晩、私たち一緒に食事しましょう。あなたの誕生日をお祝いします。
B: 今日？私の誕生日まで、まだ1週間以上ありますよ！
A: 来週私は北京に行くので、今日お祝いしましょう。
B: いいですよ。ここから遠くない所に、中国料理のレストランがあって、歩いて数分で着きます。

新出単語
*11. 过　guò　動詞　（特定の日を）過ごす、祝う
12. 走　zǒu　動詞　歩く
13. 到　dào　動詞　到着する

注释 注釈

1 语气副词"还"（2） 語気副詞"还"（2）

表示动作或状态的延续，否定式用"还没"。例如：
動作や状態の持続を表し、否定形は"还没"を使う。例えば：

(1) 八点了，他还在睡觉。
(2) 你怎么还没吃饭？
(3) 他还在教室学习呢。

2 时间副词"就" 時間副詞"就"

强调说话人认为事情发生得早，进行得快、顺利。例如：
話し手が、物事の発生が早く、進行が速く順調であると思っていることを強調する。
例えば：

主语	就……了
同学们	七点半就来教室了。
我	坐飞机一个半小时就到北京了。
（我）	二十分钟就到。

3 离 動詞"离"

用来表示处所、时间、目的的距离。例如：
場所・時間・目的の距離を表す。例えば：

A	离	B	……
我家	离	学校	很远。
学校	离	机场	有20多公里。
	离	我的生日	还有一个多星期呢！

4 语气助词"呢" 語気助詞"呢"

用于陈述句尾，可用在形容词谓语句和动词谓语句后边，表示确认事实，使对方信服，含有夸张的语气。例如：
陳述文の文末や、形容詞述語文と動詞述語文の後ろに用いて、事実の確認を表し、相手を信用させ、誇張のニュアンスを含む。例えば：

(1) 八点上课，时间还早呢。
(2) 医院离我们这儿还远呢。
(3) 坐公共汽车要一个多小时呢！

练习 練習

1 分角色朗读课文　役に分かれて本文を読みましょう。

2 根据课文内容回答问题　本文の内容に基づいて、質問に答えましょう。

① 大卫在哪儿学习呢？　Dàwèi zài nǎr xuéxí ne?

② 九点多了，大卫为什么还不休息？
　Jiǔ diǎn duō le, Dàwèi wèi shénme hái bù xiūxi?

③ 坐公共汽车一个小时能到公司吗？
　Zuò gōnggòng qìchē yí ge xiǎoshí néng dào gōngsī ma?

④ 公司离家很远，她为什么不开车？
　Gōngsī lí jiā hěn yuǎn, tā wèi shénme bù kāi chē?

⑤ 今天不是她的生日，为什么她朋友要今天给她过生日？
　Jīntiān bú shì tā de shēngrì, wèi shénme tā péngyou yào jīntiān gěi tā guò shēngrì?

3 用本课新学的语言点和词语描述图片
本課で学んだ文法ポイントと語句を使って、写真について述べましょう。

Liǎng diǎn duō le, tā hái
两　点　多　了，她还_____。

Xià kè le, tóngxuémen hái zài
下课了，同学们　还在_____。

Lí　　　hái yǒu yí ge duō xīngqī ne.
离_____还有一个多星期呢。

Wǒ jiā　　xuéxiào bú tài yuǎn.
我家_____学校不太远。

语音 / 発音

汉语的基本句调　中国語の基本イントネーション 07-5

汉语的基本句调有两种：升调和降调。一般来说，疑问句读升调，陈述句读降调。例如：

中国語の基本イントネーションは上昇調と下降調の2種類がある。一般的に疑問文は上昇調、陳述文は下降調で言う。例えば：

(1) 他　姓　张？↗
　　Tā xìng Zhāng?

(2) 他　姓　张。↘
　　Tā xìng Zhāng.

(3) 他 不 喜欢 喝啤酒？↗
　　Tā bù xǐhuan hē píjiǔ?

(4) 他 不 喜欢 喝啤酒。↘
　　Tā bù xǐhuan hē píjiǔ.

汉字 / 漢字

汉字偏旁"亻"和"攵"　漢字の部首"亻"と"攵"

偏旁 部首	解释 解釈	例字 用例		
亻	双人旁，大多与行走有关系。 「ぎょうにんべん」は、一般的に歩くことと関係がある。	行	xíng	歩く
		往	wǎng	行く
攵	反文旁，大多与鞭打、敲打有关系。 「のぶん」は、一般的にむち打ちや叩くことと関係がある。	放	fàng	放す、逃がす
		收	shōu	受け取る

运用 / 応用

1 双人活动　ペアワーク

两人一组，说说你经常去的一些地方，你是怎么去这些地方的。
ペアになり、あなたがよく行く場所について、どのようにしてそこへ行くか話しましょう。

例如：机场　离我家　非常　远，我　坐　出租车　去　机场。
Jīchǎng lí wǒ jiā fēicháng yuǎn, wǒ zuò chūzūchē qù jīchǎng.

| xuéxiào 学校 | fànguǎn 饭馆 | shāngdiàn 商店 | yīyuàn 医院 | gōngsī 公司 | jīchǎng 机场 |
| fēijī 飞机 | zìxíngchē 自行车 | chūzūchē 出租车 | gōnggòng qìchē 公共汽车 | | zǒu lù 走路 |

2 小组活动　グループワーク

3〜4人一组，互相询问各自的生日及过生日的方式，每组请一位同学报告情况。
3〜4人で1つのグループを作り、お互いにそれぞれの誕生日と誕生日の祝い方について尋ね、グループごとに1人報告する人を決めて、クラスのみんなに発表しましょう。

	生日的时间 誕生日	如何过生日 どのように誕生日を祝うか
1	我的生日是2月22号。 Wǒ de shēngrì shì èr yuè èrshí'èr hào.	生日的时候，我常和朋友去吃饭。 Shēngrì de shíhou, wǒ cháng hé péngyou qù chī fàn.

8

Ràng wǒ xiǎngxiang zài gàosu nǐ
让我想想再告诉你
少し考えさせてください。それからお伝えします

热身
ウォームアップ

1 给下面的词语选择对应的图片　下の語句に合う写真を選びましょう。

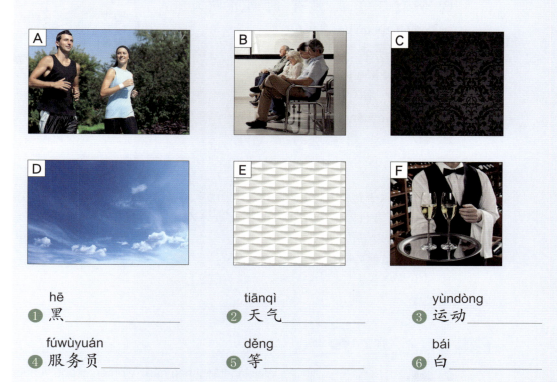

① hē 黑＿＿＿＿　② tiānqì 天气＿＿＿＿　③ yùndòng 运动＿＿＿＿

④ fúwùyuán 服务员＿＿＿＿　⑤ děng 等＿＿＿＿　⑥ bái 白＿＿＿＿

2 试着说说下列词语的反义词　下の単語の反義語を言いましょう。

dà　　　　　　　　duō　　　　　　　　kuài
大――（　）　　　多――（　）　　　快――（　）

lěng　　　　　　　shàng　　　　　　　hēi
冷――（　）　　　上――（　）　　　黑――（　）

HSK 标准教程 2 スタンダードコース 2

课文 / 本文

1 在教室　教室で 08-1

A: 我们 下午 去看 电影，好 吗？
Wǒmen xiàwǔ qù kàn diànyǐng, hǎo ma?

B: 今天 下午 我 没有 时间， 明天 下午 再去 吧。
Jīntiān xiàwǔ wǒ méiyǒu shíjiān, míngtiān xiàwǔ zài qù ba.

A: 你 想 看 什么 电影？
Nǐ xiǎng kàn shénme diànyǐng?

B: 让 我 想想 再告诉你。
Ràng wǒ xiǎngxiang zài gàosu nǐ.

日本語訳

A: 私たちは午後映画を観に行きましょうか?
B: いいえ、今日の午後は私は時間がないので、明日の午後行きましょう。
A: あなたは何の映画を観たいですか?
B: 少し考えさせてください。それからお伝えします。

新出単語

1. 再　zài　副詞　再び、あらためてまた
2. 让　ràng　動詞　～させる
3. 告诉　gàosù　動詞　言う、伝える

2 在宿舍　寮で 08-2

A: 外边 天气很好，我们 出去 运动 运动 吧！
Wàibian tiānqì hěn hǎo, wǒmen chūqu yùndòng yùndòng ba!

B: 你 等等 我，好 吗？ 王 老师 让我给大卫 打个 电话。
Nǐ děngdeng wǒ, hǎo ma? Wáng lǎoshī ràng wǒ gěi Dàwèi dǎ ge diànhuà.

A: 回来再打吧。 找 大卫 有 什么 事情 吗？
Huílai zài dǎ ba. Zhǎo Dàwèi yǒu shénme shìqing ma?

B: 听说 大卫病了，我 想 找 时间 去 看看 他。
Tīngshuō Dàwèi bìng le, wǒ xiǎng zhǎo shíjiān qù kànkan tā.

日本語訳

A: 外はとても天気がいいです。私たちは外へ出て運動しましょう!
B: ちょっと待っていてくれますか? 王先生からデヴィッドに電話をかけるよう言われています。
A: 戻ってからかけましょうよ。デヴィッドに何の用事ですか?
B: デヴィッドが病気になったそうなので、私は時間をとって彼をお見舞いに行きたいです。

新出単語

4. 等　děng　動詞　待つ
5. 找　zhǎo　動詞　探す、訪ねる
6. 事情　shìqing　名詞　物事、事柄、用事

3　在宾馆的前台　ホテルのフロントで 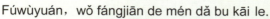 08-3

A: 服务员，我房间的门打不开了。
　　Fúwùyuán, wǒ fángjiān de mén dǎ bu kāi le.

B: 您住哪个房间？
　　Nín zhù nǎge fángjiān?

A: 317。
　　Sān yāo qī.

B: 好的，我叫人去看看。
　　Hǎo de, wǒ jiào rén qù kànkan.

日本語訳
A: スタッフさん、私の部屋のドアが開きません。
B: どちらのお部屋ですか?
A: 317です。
B: 承知しました。すぐに人を点検に向かわせます。

新出単語
7. 服务员　fúwùyuán　名詞　従業員

4　在商店　店で 08-4

A: 你看看这几件衣服怎么样？
　　Nǐ kànkan zhè jǐ jiàn yīfu zěnmeyàng?

B: 这件白的有点儿长，那件黑的有点儿贵。
　　Zhè jiàn bái de yǒudiǎnr cháng, nà jiàn hēi de yǒudiǎnr guì.

A: 这件红的呢？这是今天新来的。
　　Zhè jiàn hóng de ne? Zhè shì jīntiān xīn lái de.

B: 让我再看看。
　　Ràng wǒ zài kànkan.

日本語訳
A: これらの服はあなたはどう思いますか?
B: この白いのは少し長いです。あの黒いのは少し高いです。
A: この赤いのはいかがですか? これは今日入ったばかりです。
B: もう少し見させてください。

新出単語
8. 白　bái　形容詞　白い
9. 黑　hēi　形容詞　黒い
10. 贵　guì　形容詞　(値段が)高い

注释 注釈

1 疑问句"……，好吗" 疑問文"…，好吗"

常用来表示询问别人的意见和看法。例如：
他人の意見や見方を尋ねる。例えば：

(1) 我们一起去吃饭，好吗？
(2) 你明天下午给我打电话，好吗？
(3) 我们下午去看电影，好吗？

2 副词"再" 副詞"再"

表示一个动作或一种状态重复或继续，也可用来表示一个动作将要在某一情况下出现。例如：

1つの動作や一種の状態の重複や継続を表す。また、1つの動作がある状況で現れるであろうことを表すこともできる。例えば：

主語	述語	
	再	動詞（＋目的語）
你	再	看看这本书吧。
你	（明天）再	给我打电话吧。
（你）	（让我想想）再	告诉你。

3 兼语句 兼語文

兼语句的谓语是由两个动词短语组成，前一个动词的宾语是第二个动词的主语。前一个动词常常是"请、让、叫"等词语。例如：

兼語文の述語は2つの動詞句で構成され、前の動詞の目的語は2つ目の動詞の主語である。前の動詞は"请、让、叫"などの語が多い。例えば：

主語	動詞	目的語/主語	述語
我	请	你	吃饭。
你	让	我	再想想。
我	叫	人	去看看。

4 动词的重叠　動詞の重ね型

动词的重叠形式用来表达短时间、少量、轻微、尝试的意思，语气比较轻松、随便，多用于口语中。例如：

動詞の重ね型は、時間の短さ・量の少なさ・程度の軽さ・試しに〜してみる、を表す。語気は気楽・気軽で、口語の中で多く使われる。例えば：

单音节动词的重叠形式：単音節動詞の重ね型

A	AA	A一A
说	说说	说一说
听	听听	听一听
看	看看	看一看

双音节动词的重叠形式：2音節動詞の重ね型

AB	ABAB
学习	学习学习
准备	准备准备
运动	运动运动

练习　練習

1　分角色朗读课文　役に分かれて本文を読みましょう。

2　根据课文内容回答问题　本文の内容に基づいて、質問に答えましょう。

① 他们为什么今天下午不去看电影？
　Tāmen wèi shénme jīntiān xiàwǔ bú qù kàn diànyǐng?

② 王老师为什么让他给大卫打电话？
　Wáng lǎoshī wèi shénme ràng tā gěi Dàwèi dǎ diànhuà?

③ 大卫怎么了？　Dàwèi zěnme le?

④ 她为什么去找服务员？　Tā wèi shénme qù zhǎo fúwùyuán?

⑤ 她为什么不喜欢那件黑的？　Tā wèi shénme bù xǐhuan nà jiàn hēi de?

3 用本课新学的语言点和词语描述图片
本課で学んだ文法ポイントと語句を使って、写真について述べましょう。

Māma, wǒmen yìqǐ _____ hǎo ma?
妈妈，我们 一起 _____，好 吗？

Zàijiàn, wǒ míngtiān zài
再见，我 明天 再 _____。

Lǎoshī ràng wǒ zài
老师 让 我 再 _____。

Lǎoshī jiào tóngxuémen
老师 叫 同学们 _____。

语音 / 発音

陈述句的句调　陳述文のイントネーション 08-5

汉语的陈述句句调一般为降调。例如：
中国語の陳述文のイントネーションは、一般的に下降調になる。例えば：

Wǒ xuéxí Hànyǔ.
(1) 我 学习 汉语。↘

Tā shì wǒ de lǎoshī.
(2) 他 是 我 的 老师。↘

Wàibian tiānqì hěn hǎo.
(3) 外边 天气 很 好。↘

汉字 / 漢字

汉字偏旁"又"和"巾"　漢字の部首"又"と"巾"

偏旁 部首	解释 解釈	例字 用例
又	又字旁，字义比较多样。 「また」は、字の意味が比較的多様である。	欢　huān　よろこび楽しむ 对　duì　正しい
巾	巾字底，大多与棉帛、纺织品有关系。 「はば」は、一般的に綿や布と関係がある。	帮　bāng　助ける 帽　mào　帽子

运用 / 応用

1 双人活动　ペアワーク

想想你们学过哪些动词。尽量把能重叠的动词都记录下来。

これまでどのような動詞を学んだか思い出して、重ね型にすることができる動詞をできるだけ記録しましょう。

　　　　　kànkan/kàn yi kàn
例如：看看 / 看一看

　　　dúdu / dú yi dú
　　　读读 / 读一读

_____

_____

_____

2　小组活动　グループワーク

3～4人一组，用课堂学过的兼语句互相练习，每组请一位同学做记录。

3～4人で1組となり、授業で学んだ兼語文をお互いに練習し、グループごとに1人が記録しましょう。

	A	让/叫	B	做什么事情 何をした
1	老师 Lǎoshī	让 ràng	我 wǒ	写 汉字。 xiě Hànzì.

9

Tí tài duō, wǒ méi zuòwán
题太多，我没做完
問題が多すぎて、私はやり終えていません

热身
ウォームアップ

1 给下面的词语选择对应的图片　下の語句に合う写真を選びましょう。

A　B　C
D　E　F

shàng bān
① 上　班＿＿＿＿＿

chàng gē
② 唱　歌＿＿＿＿＿

duì cuò
③ 对　错＿＿＿＿＿

wèntí
④ 问题＿＿＿＿＿

dì yī
⑤ 第一＿＿＿＿＿

tiào wǔ
⑥ 跳舞＿＿＿＿＿

2 给下面的动词加上合适的宾语　下の動詞に合う目的語を入れましょう。

　　　xué Hànyǔ
例如：学　汉语

kàn
看＿＿＿＿＿

xiě
写＿＿＿＿＿

chī
吃＿＿＿＿＿

hē
喝＿＿＿＿＿

dǎ
打＿＿＿＿＿

zuò
做＿＿＿＿＿

HSK 标准教程 2
スタンダードコース 2

课文 / 本文

1 打电话　電話で　09-1

A: Nǐ hǎo! Qǐngwèn Zhāng Huān zài ma?
　你好！请问　张　欢在吗？
B: Nǐ dǎcuò le, wǒmen zhèr méiyǒu jiào Zhāng Huān de.
　你打错了，我们 这儿 没有 叫 张 欢 的。
A: Duìbuqǐ.
　对不起。

日本語訳
A: こんにちは! お伺いしますが、張歓さんはいらっしゃいますか?
B: おかけ間違いです。ここには張歓という人はいません。
A: 失礼しました。

新出単語
1. 错　cuò　形容詞　誤っている、間違っている

2 在学校　学校で　09-2

A: Nín cóng jǐ suì kāishǐ xuéxí tiào wǔ?
　您 从 几岁开始学习 跳 舞？
B: Wǒ dì yī cì tiào wǔ shì zài qī suì de shíhou.
　我 第一次跳舞是在七岁的时候。
A: Wǒ nǚ'ér jīnnián yě qī suì le. Wǒ xīwàng tā néng gēn nín xué tiào wǔ, kěyǐ ma?
　我女儿今年也七岁了。我希望她能　跟您学跳舞，可以吗？
B: Méi wèntí, fēicháng huānyíng.
　没问题，非常　欢迎。

日本語訳
A: あなたはいくつからダンスを始めましたか?
B: 私が初めてダンスをしたのは7歳の時です。
A: 私の娘も今年7歳になりました。私は彼女に、あなたについてダンスを習わせたいのですが、いいですか?
B: いいですよ、大歓迎です。

新出単語
2. 从　cóng　介詞　〜から
3. 跳舞　tiào wǔ　動詞　ダンスする
4. 第一　dì yī　数詞　一番目、最初、初め
5. 希望　xīwàng　動詞　希望する
6. 问题　wèntí　名詞　質問、問題
*7. 欢迎　huānyíng　動詞　歓迎する

3　在家里　家で　09-3

A: Nǐ zhīdào ma?　Dàwèi zhǎodào gōngzuò le.
　你知道吗？大卫找到工作了。

B: Tài hǎo le!　Tā cóng shénme shíhou kāishǐ shàng bān?
　太好了！他从什么时候开始上班？

A: Cóng xià ge xīngqī yī kāishǐ.
　从下个星期一开始。

B: Zhè shì tā de dì yī ge gōngzuò, xīwàng tā néng xǐhuan.
　这是他的第一个工作，希望他能喜欢。

日本語訳
A: ご存じですか？デヴィッドは仕事を見つけましたよ。
B: よかったですね。彼はいつから出勤しますか？
A: 来週の月曜日からです。
B: これが彼の最初の仕事ですから、彼が気に入るといいですね。

新出単語
8. 上班　shàng bān　動詞　出勤する、勤務中である

4　在教室　教室で　09-4

A: Zuótiān de kǎoshì zěnmeyàng?
　昨天的考试怎么样？
　Nǐ dōu tīngdǒng le ma?
　你都听懂了吗？

B: Tīngdǒng le.
　听懂了。

A: Nǐ dōu zuòwán le méiyǒu?
　你都做完了没有？

B: Tí tài duō, wǒ méi zuòwán.
　题太多，我没做完。

日本語訳
A: 昨日の試験はどうでしたか？あなたはすべて聞いて分かりましたか？
B: はい、分かりました。
A: あなたは全部やり終えましたか？
B: 問題が多すぎて、私はやり終えていません。

新出単語
9. 懂　dǒng　動詞　理解する、分かる
10. 完　wán　動詞　終える
11. 題　tí　名詞　質問、問題

注释 注釈

1 结果补语　結果補語

一些动词或形容词可以放在动词后边，补充、说明动作的结果，它们叫作结果补语。例如：

ある動詞や形容詞は、動詞の後ろに置いて動作の結果を補足・説明することができる。これを結果補語と言う。例えば：

主語	述語	
	動詞 + 結果補語	目的語
我	看 见	你的女朋友了。
我	听 懂	今天的汉语课了。
我	做 好	饭了。
大卫	找 到	工作了。

在结果补语前加"没（有）"表示否定，句尾不能用"了"。例如：

結果補語の前に"没（有）"をつけて否定を表す。文末に"了"は使うことができない。例えば：

主語	述語	
	没（有）+ 動詞 + 結果補語	目的語
我	没有 看 见	你的女朋友。
我	没 听 懂	他说的话。
我	没 做 完	（考试题）。

表示疑问时，常在句尾加上"（了）没有"。例如：

疑問を表す時、文末に"（了）没有"をつける。例えば：

主語	述語	
	没（有）+ 動詞 + 結果補語	目的語 +（了）没有？
你	看 见	我的女朋友了没有？
你	听 懂	他说的话没有？
你	（都）做 完	（考试题）了没有？

2 介词"从"　介词"从"

介词"从"引出一段时间、一段路程、一件事情的经过或者一个序列的起点，后面常跟"到"一起搭配使用。例如：

介詞"从"は、一区切りの時間・一区切りの道程・1つの物事の経過または序列の起点を示し、後ろに"到"をつけてセットで用いることが多い。例えば：

从	A	到	B	……
从	北京	到	上海	要坐几个小时的飞机？
从	老人	到	孩子	都喜欢吃苹果。
从	下个星期一			开始（上班）。

3 "第~"表示顺序　順序を表す"第~"

"第"常被放在数量短语前边，表示顺序。例如：

"第"は数量句の前に置かれ、順序を表す。例えば：

第	数词（数詞）	量词（量詞）	名词（名詞）
第	一	本	书
第	二	个	工作
第	一	次	跳舞

练习　練習

1 分角色朗读课文　役に分かれて本文を読みましょう。

2 根据课文内容回答问题　本文の内容に基づいて、質問に答えましょう。

① 老师从几岁开始学跳舞？　Lǎoshī cóng jǐ suì kāishǐ xué tiào wǔ?

② 老师想教她的女儿跳舞吗？　Lǎoshī xiǎng jiāo tā de nǚ'ér tiào wǔ ma?

③ 大卫什么时候去工作？　Dàwèi shénme shíhou qù gōngzuò?

④ 这次考试她都听懂了吗？　Zhè cì kǎoshì tā dōu tīngdǒng le ma?

⑤ 她考试为什么没做完？　Tā kǎoshì wèi shénme méi zuòwán?

3 用本课新学的语言点和词语描述图片
本課で学んだ文法ポイントと語句を使って、写真について述べましょう。

Yīfu nǐ _____ le méiyǒu?
衣服 你 _____ 了 没有？

Zuòyè tài duō le, wǒ hái _____。
作业 太 多 了，我 还 _____。

Cóng bā diǎn dào shí'èr diǎn tāmen
从 八 点 到 十二 点 她们
dōu zài _____。
都 在 _____。

Wǒ dì yī cì _____。
我 第 一 次 _____。

语音 / 発音

是非疑问句的句调 はい、いいえで答える疑問文のイントネーション 09-5

谓语部分重读，全句末为升调。
述語部分を強く読み、文全体の末尾はすべて上昇調になる。

Nǐ míngtiān qù xuéxiào ma?
(1) 你 明天 去 学校 吗？↗

Tāmen dōu zhīdào zhè jiàn shì ma?
(2) 他们 都 知道 这 件 事 吗？↗

Nǐ dōu tīngdǒng le ma?
(3) 你 都 听懂 了 吗？↗

汉字 / 漢字

汉字偏旁 "土" 和 "灬"　漢字の部首 "土" と "灬"

偏旁 部首	解释 解釈	例字 用例
土	提土旁，多与泥土、土地、建筑物有关。 「つちへん」は、一般的に土・土地・建物と関係がある。	块　kuài　かたまり、かけら 地　dì　　地球、土地
灬	四点底，多与火及用火有关系。 「れんが」は、一般的に火や火を使うことと関係がある。	热　rè　　熱い 黑　hēi　 黒

运用 / 応用

1　双人活动　ペアワーク

说说你有哪些兴趣爱好，比如唱歌、跳舞、画画儿、打球、游泳等等。你是从什么时候开始学习它们的？

あなたはどのような趣味があるか話しましょう。例えば、歌・ダンス・絵画・バッティング・水泳等々。あなたはいつそれを始めたのですか？

爱好　趣味	学习时间　いつから
唱歌 chàng gē	从8岁开始学习 cóng bā suì kāishǐ xuéxí

9　题太多，我没做完

HSK 标准教程 2 / スタンダードコース 2

2 小组活动　グループワーク

3～4人一组，用所给出的结果补语练习说句子，每组请一位同学做记录。

3～4人で1つのグループを作り、与えられた結果補語を使って文を作る練習をしましょう。グループごとに1人が記録しましょう。

	看见　听见　写完　看完　听懂　写错　买到
1	今天上午你看见大卫了吗？ Jīntiān shàngwǔ nǐ kànjiàn Dàwèi le ma?

10

Bié zhǎo le, shǒujī zài zhuōzi shang ne
别找了，手机在桌子上呢
もう探さないで。携帯電話は机の上にあります

热身 ウォームアップ

1 给下面的词语选择对应的图片　下の語句に合う写真を選びましょう。

 A  B  C

 D  E  F

① xīguā 西瓜＿＿＿＿　② jīdàn 鸡蛋＿＿＿＿　③ xiūxi 休息＿＿＿＿

④ chī yào 吃　药＿＿＿＿　⑤ shǒujī 手机＿＿＿＿　⑥ zhǔnbèi wǔfàn 准备　午饭＿＿＿＿

2 给下面的动词加上合适的宾语　下の動詞に合う目的語を入れましょう。

例如： xué Hànyǔ 学　汉语

tīng 听＿＿＿＿　　　tī 踢＿＿＿＿　　　wánr 玩儿（遊ぶ）＿＿＿＿

xiě 写＿＿＿＿　　　xià 下＿＿＿＿　　　kāi 开＿＿＿＿

HSK 标准教程 2
スタンダードコース 2

课文 / 本文

1　在家里　家で 🎧 10-1

Búyào kàn diànshì le, míngtiān shàngwǔ
A: 不要 看 电视 了, 明天 上午
hái yǒu Hànyǔ kè ne.
还 有 汉语 课 呢。

Kàn diànshì duì xué Hànyǔ yǒu bāngzhù.
B: 看 电视 对 学 汉语 有 帮助。

Míngtiān de kè nǐ dōu zhǔnbèi hǎo le ma?
A: 明天 的 课 你 都 准备 好 了 吗？

Dōu zhǔnbèi hǎo le.
B: 都 准备 好 了。

日本語訳

A: テレビを見るのをやめなさい。明日の午前に中国語の授業がありますよ。
B: テレビを見るのは中国語の勉強に役立ちます。
A: 明日の授業の準備はちゃんとできましたか?
B: はい、準備はきちんとできています。

新出単語

1. 课　kè　名詞　授業
2. 帮助　bāngzhù　動詞　助ける、手伝う

2　在医院　病院で 10-2

Bié kàn bàozhǐ le, yīshēng shuō nǐ yào duō xiūxi.
A: 别 看 报纸 了, 医生 说 你 要 多 休息。

Hǎo, bú kàn le. Gěi wǒ yì bēi chá ba.
B: 好, 不 看 了。给 我 一 杯 茶 吧。

Yīshēng shuō chī yào hòu liǎng ge xiǎoshí búyào hē chá.
A: 医生 说 吃 药 后 两 个 小时 不要 喝 茶。

Yīshēng hái shuō shénme le?
B: 医生 还 说 什么 了？

Yīshēng ràng nǐ tīng wǒ de.
A: 医生 让 你 听 我 的。

日本語訳

A: 新聞を読むのをやめてください。あなたはゆっくり休まなければならないと先生がおっしゃいました。
B: はい、もう読みません。私にお茶を1杯ください。
A: 先生は、薬を飲んだ後に2時間はお茶を飲んではいけないとおっしゃいました。
B: 先生はほかに何をおっしゃいましたか?
A: 先生は私の言う事を聞くようにおっしゃいました。

新出単語

3. 别　bié　副詞　～するな、～してはならない

3　在家里　家で　🎧 10-3

A: Nǐ zěnme mǎile zhème duō dōngxi a?
　你怎么买了这么多东西啊？

B: Gēge jīntiān zhōngwǔ huílai chī fàn.
　哥哥今天中午回来吃饭。

A: Wǒ kànkan mǎi shénme le. Yángròu, jīdàn, miàntiáo, xīguā…… zhēn bù shǎo! Māma ne?
　我看看买什么了。羊肉、鸡蛋、面条、西瓜……真不少！妈妈呢？

B: Zhèngzài zhǔnbèi wǔfàn ne!
　正在准备午饭呢！

日本語訳
A: あなたはどうしてそんなに多くの物を買ったのですか？
B: 兄が今日のお昼に帰ってきて食事をします。
A: 何を買ったか見てみましょう。マトン・卵・麺・スイカ…本当にたくさん！お母さんは？
B: ちょうど昼食の用意をしているところです！

新出単語
4	哥哥	gēge	名詞　兄、お兄さん
5	鸡蛋	jīdàn	名詞　卵
6	西瓜	xīguā	名詞　スイカ
7	正在	zhèngzài	副詞　ちょうど〜しているところだ

4　在家里　家で　🎧 10-4

A: Nǐ zài zhǎo shénme?
　你在找什么？

B: Nǐ kànjiàn wǒ de shǒujī le ma? Báisè de.
　你看见我的手机了吗？白色的。

A: Bié zhǎo le, shǒujī zài zhuōzi shang ne, diànnǎo pángbiān.
　别找了，手机在桌子上呢，电脑旁边。

B: Nǐ kànjiàn wǒ de yīfu le ma? Hóngsè de nà jiàn.
　你看见我的衣服了吗？红色的那件。

A: Nà jiàn yīfu wǒ bāng nǐ xǐ le, zài wàibian ne.
　那件衣服我帮你洗了，在外边呢。

日本語訳
A: 何を探しているのですか？
B: 私の携帯電話を見ましたか？白いのです。
A: もう探さないで。携帯電話は机の上にあります。パソコンの横です。
B: 私の服を見ましたか？赤いあの服です。
A: はい、あの服は私が洗ってあげました。外にあります。

新出単語
8.	手机	shǒujī	名詞　携帯電話
9.	洗	xǐ	動詞　洗う

注释 / 注釈

1 祈使句：不要……了；别……了　命令文："不要…了"/"别…了"

表示劝阻或禁止做某件事情。例如：
ある事を制止または禁止する。例えば：

不要	動詞（＋目的語）	了
不要	玩手机	了。
不要	做饭	了。
不要	看电视	了。

别	動詞（＋目的語）	了
别	睡觉	了。
别	看书	了。
别	看报纸	了。

2 介词"对"　介詞"对"

介词"对"可以表示人和人、人和事物、事物和事物之间的对待关系。例如：
介詞"对"は、人と人、人と物事、物事と物事の間の対応関係を表すことができる。例えば：

主語	述語		
	对	目的語	動詞/形容詞
跑步	对	身体	很好。
老师	对	学生	非常好。
看电视	对	学汉语	有帮助。

练习 / 練習

1 分角色朗读课文　役に分かれて本文を読みましょう。

2 根据课文内容回答问题　本文の内容に基づいて、質問に答えましょう。

❶ 孩子们正在做什么？　Háizimen zhèngzài zuò shénme?

❷ 妈妈为什么不让他们看电视了？
　Māma wèi shénme bú ràng tāmen kàn diànshì le?

③ 吃药以后可以喝茶吗？ Chī yào yǐhòu kěyǐ hē chá ma?

④ 他今天都买了什么东西？为什么要买这么多？
Tā jīntiān dōu mǎile shénme dōngxi? Wèi shénme yào mǎi zhème duō?

⑤ 你知道男的正在找什么吗？ Nǐ zhīdào nán de zhèngzài zhǎo shénme ma?

3 用本课新学的语言点和词语描述图片
本課で学んだ文法ポイントと語句を使って、写真について述べましょう。

Nǐ de bìng yǐjīng hǎo le, bié _____ le.
你的病已经好了，别_____了。

Bié _____ le, míngtiān hái yào
别_____了，明天还要
shàng xué ne.
上 学 呢。

_____ duì shēntǐ hěn hǎo.
_____对身体很好。

_____ duì xuéxí Yīngyǔ yǒu bāngzhù.
_____对学习英语有帮助。

语音
発音

特指问句的句调 疑問代詞を伴う疑問文のイントネーション 🎧 10-5

疑问代词重读，重音之后全句句调逐渐下降。例如：

疑問代詞は強く読み、強く読んだ後に文全体のイントネーションを次第に下げる（文末に疑問代詞が置かれる場合にも文全体のイントネーションは上げない）。例えば：

　　　Zhè shì shéi de bǐ?
（1）这 是 谁 的 笔？↘

　　　Nǐmen xuéxiào yǒu duōshao xuésheng?
（2）你们 学校 有 多少 学生？↘

　　　Nǐ zài zhǎo shénme?
（3）你 在 找 什么？↘

汉字 / 漢字

汉字偏旁"走"和"穴"　漢字の部首"走"と"穴"

偏旁 部首	解释 解釈	例字 用例		
走	走字旁，一般与奔跑和行走有关。 「そうにょう」は、一般的に走ることや歩くことと関係がある。	超 起	chāo qǐ	超える 起きる
穴	穴字头，一般与孔洞、房屋有关。 「あなかんむり」は、一般的に穴や家屋と関係がある。	空 穿	kōng chuān	から 穴をあける、破れる

运用 / 応用

1 双人活动　ペアワーク

两人一组，选择下列词语，用"不要……了""别……了"练习说句子。

ペアになり、下の単語を選び、"不要……了"、"别……了"を用いて文を作る練習をしましょう。

　　　　　Búyào wánr　　　diànnǎo le.
例如：不要　玩儿（遊ぶ）　电脑　了。

kàn 看	kāfēi 咖啡
chī 吃	shǒujī 手机
wán 玩	xīn yīfu 新衣服
mǎi 买	yào 药
hē 喝	diànshì 电视

2 小组活动　グループワーク

3～4人一组，用介词"对"练习说句子，每组请一位同学做记录。

3～4人で1つのグループを作り、介詞"对"を使って文を作る練習をしましょう。グループごとに1人が記録しましょう。

	A	对	B	很好/不好
1	看电视 Kàn diànshì	对 duì	眼睛 yǎnjing	不好。 bù hǎo.

文化　文化

中国的茶文化　中国の茶文化

　　中国人喜欢喝茶。茶不仅好喝，而且对身体有好处。它可以提神醒脑、抵抗衰老、预防疾病，还有减肥的功效。中国茶有很多种，比如，红茶、绿茶、青茶、花茶等。随着季节的不同，人们会选择喝不同的茶。一般来说，春天的时候喝花茶，夏天的时候喝绿茶，秋天的时候喝青茶，冬天的时候喝红茶。

　　如果你有机会来中国，一定要体验一下中国的茶文化。

中国人はお茶を飲むのが好きです。お茶はおいしいだけでなく、体にも良いのです。頭をすっきりさせ、アンチエイジングや病気の予防、ダイエットの効果もあります。中国茶にはたくさんの種類があり、例えば紅茶、緑茶、青茶、花茶などがあります。季節によって、人々は異なるお茶を選んで飲みます。一般的には、春は花茶、夏は緑茶、秋は青茶、冬は紅茶を飲みます。
もし中国に来る機会があったら、中国の茶文化を必ず体験してみてください。

11 Tā bǐ wǒ dà sān suì
他比我大三岁
彼は私より3つ年上です

热身
ウォームアップ

1 给下面的词语选择对应的图片　下の語句に合う写真を選びましょう。

| A | B | C |
| D | E | F |

① tiào wǔ 跳舞 ＿＿＿＿
② shuō huà 说话 ＿＿＿＿
③ nǚ 女 ＿＿＿＿
④ háizi 孩子 ＿＿＿＿
⑤ chàng gē 唱歌 ＿＿＿＿
⑥ nán 男 ＿＿＿＿

2 试着说说下面这些词语的反义词　下の単語の反義語を言いましょう。

guì 贵——（　）　　duì 对——（　）　　zuǒ 左——（　）

lái 来——（　）　　qián 前——（　）　　lǐ 里——（　）

103

HSK 标准教程 2
スタンダードコース 2

课文 / 本文

1 在歌厅　カラオケで　🎧 11-1

A: Wáng Fāng, zuótiān hé nǐ yìqǐ chàng gē de rén shì shéi?
　　王　方，昨天和你一起唱 歌的人是谁？

B: Yí ge péngyou.
　　一个 朋友。

A: Shénme péngyou? Shì bu shì nánpéngyou?
　　什 么 朋 友？是 不 是 男 朋 友？

B: Bú shì bú shì, wǒ tóngxué jièshào de, zuótiān dì yī cì jiàn.
　　不 是 不 是，我 同学 介绍 的，昨天 第一次 见。

日本語訳
A: 王方、昨日あなたと一緒にカラオケに行った人は誰ですか？
B: 友達です。
A: どんな友達？ボーイフレンドではないのですか？
B: いえいえ違います。私のクラスメートが紹介してくれた人で、昨日初めて会いました。

新出単語
1. 唱歌　chàng gē　動詞　歌う
2. 男　　nán　　　形容詞　男性の

2 在宿舍　寮で　🎧 11-2

A: Zuǒbian zhège kàn bàozhǐ de nǚ háizi shì nǐ jiějie ma?
　　左边 这个看报纸的女孩子是你姐姐吗？

B: Shì, yòubian xiě zì de nàge rén shì wǒ gēge.
　　是，右边 写字的那个人是我哥哥。

A: Nǐ gēge duō dà?
　　你哥哥多 大？

B: Èrshíwǔ suì, tā bǐ wǒ dà sān suì.
　　25　　岁，他比我大三岁。

日本語訳
A: 左のこの新聞を読んでいる女の子があなたのお姉さんですか？
B: はい、右の字を書いている人が私の兄です。
A: お兄さんはおいくつですか？
B: 25歳で、彼は私より3つ年上です。

新出単語
3. 女　　nǚ　　　形容詞　女性の
4. 孩子　háizi　　名詞　　子供
5. 右边　yòubian　名詞　　右、右側
6. 比　　bǐ　　　介詞　　〜より、〜に比べて

104

3　在商店　店で　11-3

A: Jīntiān de xīguā zěnme mài?
今天的西瓜怎么卖？

B: Sān kuài wǔ yì jīn.
三块五一斤。

A: Bǐ zuótiān piányi.
比昨天便宜。

B: Shì, píngguǒ yě bǐ zuótiān piányi yìxiē. Nín lái diǎnr ba.
是，苹果也比昨天便宜一些。您来点儿吧。

日本語訳
A: 今日のスイカはいくらですか？
B: 500グラムで3元5角です。
A: 昨日より安いですね。
B: はい、リンゴも昨日より少し安いです。いかがですか。

新出単語
7. 便宜　piányi　形容詞　安い

4　在学校　学校で　11-4

A: Qiánbian shuō huà de nàge rén jiù shì wǒ de Hànyǔ lǎoshī. Nǐ kěnéng bú rènshi tā.
前边说话的那个人就是我的汉语老师。你可能不认识她。

B: Shì xīn lái de Hànyǔ lǎoshī ma?
是新来的汉语老师吗？

A: Shì qùnián lái de, tā xìng Wáng, èrshíbā suì.
是去年来的，她姓王，28岁。

B: Tā bǐ wǒmen lǎoshī xiǎo liǎng suì.
她比我们老师小两岁。

日本語訳
A: 前で話しているあの人が、私の中国語の先生です。あなたは多分彼女をご存じないでしょう。
B: 新しく来た中国語の先生ですか？
A: いいえ、去年来た先生です。彼女の名字は王で、28歳です。
B: 彼女は私たちの先生より2つ若いです。

新出単語
8. 说话　shuō huà　動詞　話す、言う
9. 可能　kěnéng　助動詞　多分、おそらく
10. 去年　qùnián　名詞　去年
11. 姓　xìng　動詞　～という姓である、～という名字である

注释
注釈

1 动词结构做定语　定語になる動詞（句）

动词或动词短语做定语时，定语和中心语之间要加"的"。例如：
動詞または動詞句が定語になる時、定語と中心語の間には"的"をつける。例えば：

定语（定語）	的	中心语（中心語）
新买	的	自行车
我妈妈做	的	饭
和你一起唱歌	的	人

2 "比"字句（1）　"比"構文（1）

用"比"表示比较的句子叫"比"字句。"比"字句的谓语可以是形容词。例如：
"比"を用いて比較を表す文を、"比"構文と言う。"比"構文の述語は形容詞でもよい。例えば：

A	比	B	形容词
哥哥	比	姐姐	高。
今天	比	昨天	热。
（今天的西瓜）	比	昨天	便宜。

"比"字句的否定形式可以用"A 没有 B……"表示。例如：
"比"構文の否定形は、"A 没有 B……"で表すことができる。例えば：

A	没有	B	形容词
哥哥	没有	姐姐	高。
今天	没有	昨天	热。
西瓜	没有	苹果	便宜。

要表达事物之间的差别时，用具体数量表示具体差别，用"一点儿""一些"表示差别不大，用"多""得多"表示差别大。例如：
物事の間の差を表す時は、具体的な数量を用いて具体的な差を表す。"一点儿"、"一些"で差が大きくないことを表し、"多"、"得多"で差が大きいことを表す。例えば：

A	比	B	形容词	数量短语（数量句）
西瓜	比	苹果	贵	两块钱。
我的学习	比	他	好	一点儿。
今天	比	昨天	热	得多。
她	比	我们老师	小	两岁。

3 助动词"可能"　助動詞"可能"

"可能"表示估计、也许、或许。常用在动词前，也可用在主语前。例如：
"可能"は、たぶん・もしかしたら・あるいは、という意味を表す。一般的に動詞の前に用いられるが、主語の前にも用いることができる。例えば：

(1) 他可能早就知道这件事情了。
(2) 可能我明天不来上课了。
(3) 你可能不认识她。

练习 練習

1 分角色朗读课文　役に分かれて本文を読みましょう。

2 根据课文内容回答问题　本文の内容に基づいて、質問に答えましょう。

① 昨天和王方一起唱歌的人是谁？
Zuótiān hé Wáng Fāng yìqǐ chàng gē de rén shì shéi?

② 左边看报纸的女孩子是谁？　Zuǒbian kàn bàozhǐ de nǚ háizi shì shéi?

③ 她的哥哥25岁了，她多大了？　Tā de gēge èrshíwǔ suì le, tā duō dà le?

④ 昨天的西瓜可能卖多少钱？　Zuótiān de xīguā kěnéng mài duōshao qián?

⑤ 王老师是新老师吗？　Wáng lǎoshī shì xīn lǎoshī ma?

3 用本课新学的语言点和词语描述图片
本課で学んだ文法ポイントと語句を使って、写真について述べましょう。

Lǜ píngguǒ bǐ hóng píngguǒ
绿苹果比红苹果_____。

Jiějie bǐ wǒ
姐姐比我_____。

Zuótiān sānshíwǔ dù, jīntiān méiyǒu
昨天 35°， 今天 没有_____。

Gēge xuéxí hěn hǎo, wǒ méiyǒu
哥哥学习很好，我没有_____。

语音 発音

正反问句的句调　正反疑問文のイントネーション 11-5

句中肯定部分重读，否定部分轻读，肯定否定重叠部分语速较快，重音后语调逐渐下降。例如：

文中の肯定部分は強く読み、否定部分は軽声で読む。肯定と否定が重なる部分はテンポが速めになり、強く読む部分の後のイントネーションは徐々に下がる。例えば：

Míngtiān nǐ qù bu qù yínháng?
（1）明天 你去不去银行？↘

Zhè jiàn yīfu nǐ xǐhuan bu xǐhuan?
（2）这件衣服你喜欢不喜欢？↘

Shíyī diǎn duō le, nǐ shuì bu shuì jiào?
（3）十一点多了，你睡不睡觉？↘

汉字 / 漢字

汉字偏旁"疒"和"冫"　漢字の部首"疒"と"冫"

偏旁 部首	解释 解釈	例字 用例
疒	病字头，一般与疾病有关。 「やまいだれ」は、一般的に病気と関係がある。	病　bìng　病気、病む 疯　fēng　狂った
冫	两点水，一般与冰、寒冷有关。 「にすい」は、一般的に氷や寒冷と関係がある。	冷　lěng　冷たい 冰　bīng　氷

运用 / 応用

1　双人活动　ペアワーク

两人一组，用"比"字句练习说句子。一个同学说肯定句，另一个同学把肯定句变成否定句。例如：

ペアになり、"比"を使って文を作る練習をしましょう。1人が肯定文を言い、もう1人が肯定文を否定文に変えましょう。例えば：

肯定句　肯定文	否定句　否定文
西瓜比苹果大。 Xīguā bǐ píngguǒ dà.	苹果没有西瓜大。 Píngguǒ méiyǒu xīguā dà.

11　他比我大三岁

2 小组活动　グループワーク

把全班学生分成两个大组，每组学生轮流用"比"字句说句子。句子的内容要和班里的实际情况相符合。例如：

クラス全体を2つのグループに分け、それぞれのグループの学生が交互に"比"構文を作りましょう。文の内容はクラスの実際の状況に合わせましょう。例えば：

	A组 Aグループ	B组 Bグループ
1	我的眼睛比安妮（B组学生）大。 Wǒ de yǎnjing bǐ Ānni dà.	我的手机比大卫（A组学生）的贵三百块钱。 Wǒ de shǒujī bǐ Dàwèi de guì sānbǎi kuài qián.

12

Nǐ chuān de tài shǎo le
你 穿 得 太 少 了
あなたはとても薄着です

热身
ウォームアップ

1 给下面的词语选择对应的图片　下の語句に合う写真を選びましょう。

　　qīzi　　　　　　　　　shuì jiào　　　　　　　　fángjiān
❶ 妻子_____　　❷ 睡 觉_____　　❸ 房 间_____
　　xià xuě　　　　　　　qǐ chuáng　　　　　　　fángzi
❹ 下 雪_____　　❺ 起 床_____　　❻ 房 子_____

2 给下面的动词加上合适的宾语　下の動詞に合う目的語を入れましょう。

　　　　xué Hànyǔ
例如：学 汉语

　　shuō　　　　　　　　kāi　　　　　　　　　zhǔnbèi
　　说_____　　　开_____　　　准备_____

　　dú　　　　　　　　　zhǎo　　　　　　　　xuéxí
　　读_____　　　找_____　　　学习_____

HSK 标准教程 2
スタンダードコース 2

课文 / 本文

1 在教室　教室で　12-1

A: Nǐ měi tiān zǎoshang jǐ diǎn qǐ chuáng?
　你每天早上几点起床？

B: Liù diǎn duō.
　六点多。

A: Nǐ bǐ wǒ zǎo qǐ yí ge xiǎoshí.
　你比我早起一个小时。

B: Wǒ shuì de yě zǎo, wǒ měi tiān wǎnshang shí diǎn jiù shuì jiào. Zǎo shuì zǎo qǐ shēntǐ hǎo.
　我睡得也早，我每天晚上十点就睡觉。早睡早起身体好。

日本語訳

A: あなたは毎朝何時に起きますか?
B: 6時過ぎです。
A: あなたは私より1時間早起きです。
B: 私は寝るのも早く、毎晩10時には寝ます。早寝早起きは体にいいです。

新出単語

1. 得　de　助詞　動詞や形容詞の後に用いて、結果・程度・状態などを表す補語を導く

2 在朋友家　友達の家で 12-2

A: Zài lái diǎnr mǐfàn ba, nǐ chī de tài shǎo le.
　再来点儿米饭吧，你吃得太少了。

B: Bù shǎo le, jīntiān chī de hěn hǎo, tài xièxie nǐ le.
　不少了，今天吃得很好，太谢谢你了。

A: Nǐ zuò fàn zuò de zěnmeyàng?
　你做饭做得怎么样？

B: Bù zěnmeyàng, wǒ qīzi bǐ wǒ zuò de hǎo.
　不怎么样，我妻子比我做得好。

日本語訳

A: もっとご飯をどうぞ。あなたは食べるのが少なすぎます。
B: 少なくありません。今日はよく食べました。ありがとうございます。
A: あなたは、料理を作るのはどうですか?
B: 大したことはありません。私の妻は私より上手に作ります。

新出単語

2. 妻子　qīzi　名詞　妻

3　在家门口　家の入り口で 🎧 12-3

A: 下雪了，今天真冷。
Xià xuě le, jīntiān zhēn lěng.

B: 有零下10度吧？
Yǒu líng xià shí dù ba?

A: 是啊，你穿得太少了，我们进房间吧。
Shì a, nǐ chuān de tài shǎo le, wǒmen jìn fángjiān ba.

B: 好吧。
Hǎo ba.

日本語訳

A: 雪が降っています。今日は本当に寒いです。
B: マイナス10度になっていますよね？
A: はい。あなたはとても薄着です。私たち部屋に入りましょう。
B: そうしましょう。

新出単語

3. 雪　xuě　名詞　雪
4. 零　líng　数詞　0（ゼロ）
*5. 度　dù　名詞　〜度（温度など）
6. 穿　chuān　動詞　着る
7. 进　jìn　動詞　入る

4　在家里　家で 🎧 12-4

A: 你在忙什么呢？
Nǐ zài máng shénme ne?

B: 我弟弟让我帮他找个房子，现在他家离公司有点儿远。
Wǒ dìdi ràng wǒ bāng tā zhǎo ge fángzi, xiànzài tā jiā lí gōngsī yǒudiǎnr yuǎn.

A: 住得远真的很累！
Zhù de yuǎn zhēn de hěn lèi!

B: 是啊，他也希望能住得近一点儿。
Shì a, tā yě xīwàng néng zhù de jìn yìdiǎnr.

日本語訳

A: 何を忙しくしているのですか?
B: 弟に部屋探しを手伝うよう頼まれました。今の彼の家は、会社から少し遠いのです。
A: 遠くに住むのは本当に疲れます！
B: そうです、彼も近くに住みたいと思っています。

新出単語

8. 弟弟　dìdi　名詞　弟
9. 近　jìn　形容詞　近い、近く

注释 注釈

1 状态补语　状態補語

状态补语是对动作的结果、程度、状态等进行描述或评价，在形式上常用结构助词"得"来连接动词后的状态补语。例如：

状態補語は動作の結果、程度、状態などの描写や評価を行い、形式的には構造助詞"得"を用いて動詞の後ろの状態補語とつなげる。例えば：

主語	述語		
	動詞	得	形容詞
他	说	得	很好。
我	起	得	很早。
我	睡	得	也早。

如果有宾语时，要把宾语提前，或者重复动词。例如：

目的語がある時は、目的語を前に置くか、動詞を繰り返す。例えば：

主語	述語			
	（動詞＋）目的語	動詞	得	形容詞
他	（说）汉语	说	得	很好。
我	（写）汉字	写	得	很好。
姐姐	（唱）歌	唱	得	不错。

表示否定时，要把否定词放在结构助词"得"的后边。例如：

否定を表す時は、否定詞を構造助詞"得"の後ろに置く。例えば：

主語	述語		
	動詞	得	不 ＋ 形容詞
他	说	得	不好。
我	起	得	不早。
我	住	得	不远。

主語	述語			
	（動詞＋）目的語	動詞	得	不＋形容詞
他	（说）汉语	说	得	不好。
我	（写）汉字	写	得	不好。
姐姐	（唱）歌	唱	得	不太好。

状态补语的疑问形式是在结构助词"得"的后面使用"Adj ＋ 不 ＋ Adj"，构成正反疑问句。例如：

状態補語の疑問形は、構造助詞"得"の後ろに「形容詞＋"不"＋形容詞」を用い、正反疑問文を構成する。例えば：

主語	述語		
	動詞	得	形容詞＋不＋形容詞
他	说	得	好不好？
姐姐	起	得	早不早？
你	住	得	远不远？

2 "比"字句（2）　"比"構文（2）

如果动词带状态补语，"比"可以放在动词前，也可放在补语前。例如：

もし動詞が状態補語を伴うのであれば、"比"は動詞の前か、補語の前にも置くことができる。例えば：

A	比	B	動詞＋得＋形容詞
他	比	我	学得好。
姐姐	比	我	跑得快。
我妻子	比	我	做得好。

A	動詞＋得	比	B	形容詞
他	学得	比	我	好。
姐姐	跑得	比	我	快。
我妻子	做得	比	我	好。

练习 練習

1 分角色朗读课文　役に分かれて本文を読みましょう。

2 根据课文内容回答问题　本文の内容に基づいて、質問に答えましょう。

① 她为什么每天晚上十点就睡觉？
　Tā wèi shénme měi tiān wǎnshang shí diǎn jiù shuì jiào?

② 他们家谁做饭做得好？　Tāmen jiā shéi zuò fàn zuò de hǎo?

③ 今天天气怎么样？　Jīntiān tiānqì zěnmeyàng?

④ 她这两天在忙什么呢？　Tā zhè liǎng tiān zài máng shénme ne?

⑤ 她弟弟为什么要找新的房子？　Tā dìdi wèi shénme yào zhǎo xīn de fángzi?

3 用本课新学的语言点和词语描述图片
本課で学んだ文法ポイントと語句を使って、写真について述べましょう。

Tā chàng de
她 唱 得＿＿＿＿＿＿＿。

Bàba kāi chē kāi de
爸爸 开 车 开 得＿＿＿＿＿。

Gēge bǐ wǒ chī de
哥哥 比 我 吃 得＿＿＿＿＿。

Bàba bǐ māma zuò fàn zuò de
爸爸 比 妈妈 做 饭 做 得＿＿＿＿＿。

语音 発音

■ 选择问句的句调　選択疑問文のイントネーション 12-5

句中供选择的部分重读，前一部分读升调，语速较慢，后一部分读降调。例如：
文中の選択肢部分を強く読み、前の部分は上げ、ゆっくりめに言い、後ろの部分は下げる。例えば：

(1) 你喜欢吃米饭还是吃面条？
Nǐ xǐhuan chī mǐfàn háishi chī miàntiáo?

(2) 你想今天去还是明天去？
Nǐ xiǎng jīntiān qù háishi míngtiān qù?

(3) 你去学校是开车还是坐车？
Nǐ qù xuéxiào shì kāi chē háishi zuò chē?

汉字 / 漢字

汉字偏旁"止"和"冂"　漢字の部首"止"と"冂"

偏旁 部首	解释 解釈	例字 用例
止	止字旁，一般与脚趾有关。 「とめる」は、一般的に足指と関係がある。	趾 zhǐ　つま先 步 bù　歩み
冂	同字头，一般与一些事物的关系和形象有关。 「えんがまえ」は、一般的にある物事の関係や形象と関係がある。	同 tóng　同じ 网 wǎng　網

运用 / 応用

1 双人活动　ペアワーク

两人一组，用带助词"得"的状态补语练习说句子，尽量使用所给出的词语。

ペアになり、構造助詞"得"を伴う状態補語を使った文を作る練習をしましょう。できるだけ与えられた単語を使いましょう。

例如：他跑得很快。
Tā pǎo de hěn kuài.

我跑得不快。
Wǒ pǎo de bú kuài.

动词 動詞：学　走　写　读　下　起床　睡觉　准备
　　　　　　xué　zǒu　xiě　dú　xià　qǐ chuáng　shuì jiào　zhǔnbèi

形容词 形容詞：好　快　漂亮　不错　慢　大
　　　　　　　hǎo　kuài　piàoliang　búcuò　màn　dà

2　小组活动　グループワーク

4～5人一组，进行"比"字句接龙的游戏。要求使用"A比B+V+得+Adj"或"A+V+得+比B+Adj"两种句型。

4～5人で1つのグループを作り、"比"構文を並べるゲームをしましょう。「A"比"B+動詞+"得"+形容詞」、または「A+動詞+"得"+"比"B+形容詞」の2種類の文型を使いましょう。

例如：王方：　Wǒ bǐ Dàwèi pǎo de kuài.
　　　　　　我 比 大卫 跑 得 快。

　　　大卫：　Wǒ chàng de bǐ Ānni hǎo.
　　　　　　我 唱 得比安妮好。

13 Mén kāi zhe ne
门开着呢
ドアは開いています

热身
ウォームアップ

1 给下面的词语选择对应的图片　下の語句に合う写真を選びましょう。

① qiānbǐ 铅笔＿＿＿＿
② shǒu 手＿＿＿＿
③ bīnguǎn 宾馆＿＿＿＿
④ ná 拿＿＿＿＿
⑤ yǎnjing 眼睛＿＿＿＿
⑥ lùkǒu 路口＿＿＿＿

2 给下面的动词加上合适的宾语　下の動詞に合う目的語を入れましょう。

例如：xué Hànyǔ 学 汉语

xià 下＿＿＿＿
zuò 坐＿＿＿＿
tīng 听＿＿＿＿

shàng 上＿＿＿＿
sòng 送＿＿＿＿
ná 拿＿＿＿＿

HSK 标准教程 2 / スタンダードコース 2

课文 / 本文

1 在办公室 オフィスで 13-1

A: Mén kāi zhe ne, qǐng jìn.
　　门 开着呢，请进。

B: Qǐngwèn, Zhāng xiānsheng zài ma?
　　请问，张 先生 在吗？

A: Tā chūqu le. Nǐ xiàwǔ zài lái ba.
　　他出去了。你下午再来吧。

B: Hǎo de, xièxie!
　　好的，谢谢！

日本語訳
A: ドアは開いているので、どうぞお入りください。
B: お伺いしますが、張さんはいらっしゃいますか？
A: 彼は外出しています。あなたは午後にまた来てください。
B: 分かりました。ありがとうございます。

新出単語
1. 着　zhe　助詞
（動作状態の持続や、ある動作の結果ある状態の持続を表し）
〜している、〜してある

2 在办公室 オフィスで 13-2

A: Nàge zhèngzài shuōhuà de nǚháir shì shéi?
　　那个 正在 说话 的女孩儿是谁？

B: Wǒ zhīdào tā de míngzi, tā xìng Yáng, jiào Yáng Xiàoxiao,
　　我 知道她的名字，她姓 杨，叫 杨 笑笑，
　　tā jiějie shì wǒ tóngxué.
　　她姐姐是我 同学。

A: Nàge shǒu li názhe qiānbǐ de ne?
　　那个 手 里拿着铅笔的呢？

B: Wǒ bú rènshi.
　　我不认识。

日本語訳
A: 今話をしているあの女の子は誰ですか？
B: 私は彼女の名前を知っています。名字は楊で、楊笑笑といいます。彼女のお姉さんは私のクラスメートです。
A: あの手に鉛筆を持っている人は？
B: 私は知りません。

新出単語
2. 手　shǒu　名詞　手
*3. 拿　ná　動詞　持つ
4. 铅笔　qiānbǐ　名詞　鉛筆

固有名詞
杨笑笑　Yáng Xiàoxiao　楊笑笑（人名）

3 在运动场　運動場で 🎧 13-3

A: Tīngshuō nǐ yǒu nǚpéngyou le? Wǒ rènshi tā ma?
　听说 你 有 女朋友 了？我 认识 她 吗？

B: Jiù shì wǒmen bān nàge zhǎngzhe liǎng ge dà yǎnjing,
　就是我们 班那个长着 两个大眼睛,
　fēicháng ài xiào de nǚháir.
　非常 爱 笑 的女孩儿。

A: Tā bú shì yǒu nánpéngyou ma?
　她不是 有 男朋友 吗？

B: Nàge yǐjīng shì tā de qián nányǒu le.
　那个已经是她的前 男友了。

日本語訳
A: あなたにガールフレンドができたと聞きましたが？私はその人を知っていますか？
B: 私たちのクラスの大きな目をした、笑うのがとても好きなあの女の子です。
A: 彼女にはボーイフレンドがいるのではないですか？
B: いいえ、あの人はもう彼女の元ボーイフレンドになってしまいました。

新出単語
*5. 班　bān　名詞　クラス
*6. 长　zhǎng　動詞　育つ、（成長した結果ある身体的特徴を）備える
7. 笑　xiào　動詞　笑う

4 在路上　道で 🎧 13-4

A: Qǐngwèn, zhèr lí Xīnjīng Bīnguǎn yuǎn ma?
　请问, 这儿离新京 宾馆 远 吗？

B: Bù yuǎn, zǒu lù èrshí fēnzhōng jiù dào.
　不远, 走路二十 分钟 就到。

A: Nǐ néng gàosu wǒ zěnme zǒu ma?
　你能 告诉我 怎么走吗？

B: Cóng zhèr yìzhí wǎng qián zǒu, dàole qiánmiàn
　从 这儿一直往 前 走, 到了前面
　de lùkǒu zài wǎng yòu zǒu.
　的路口再 往 右 走。

日本語訳
A: お伺いしますが、ここから新京ホテルまで遠いですか？
B: いいえ、遠くありません。歩いて20分で着きます。
A: どのように行くか教えていただけますか？
B: ここからずっとまっすぐ行き、その先の交差点に着いたら右に行きます。

新出単語
8. 宾馆　bīnguǎn　名詞　ホテル
*9. 一直　yìzhí　副詞　まっすぐ
10. 往　wǎng　介詞　〜へ
11. 路口　lùkǒu　名詞　交差点

HSK 标准教程 2
スタンダードコース 2

注释
注釈

1 动态助词"着" アスペクト助詞"着"

动词加上动态助词"着"可以表示某种状态的持续。例如：
動詞にアスペクト助詞"着"をつけて、ある状態の持続を表すことができる。例えば：

主語	述語		
	動詞	着	目的語
门	开	着。	
他们	穿	着	红色的衣服。
（她）	拿	着	铅笔。

在动词前加"没"表示否定。例如：
動詞の前に"没"をつけて否定を表す。例えば：

主語	述語		
	没＋動詞	着	目的語
门	没开	着。	
他们	没穿	着	红色的衣服。
（她）	没拿	着	铅笔。

在句末加"没有"表示疑问。例如：
文末に"没有"をつけて疑問を表す。例えば：

主語	述語			
	述語	着	目的語	没有
门	开	着		没有？
他们	穿	着	红色的衣服	没有？
她（手里）	拿	着	铅笔	没有？

2 反问句"不是……吗"　反語文"不是…吗"

"不是……吗"常用来表示提醒或者表达说话人的不理解、不满等。例如：
"不是…吗"は、注意を与えたり、話し手の無理解・不満などを表す。例えば：

(1) 不是说今天有雨吗？怎么没下？
(2) 你不是北京人吗？怎么不会说北京话？
(3)（她是你的女朋友？）她不是有男朋友了吗？

3 介词"往"　介詞"往"

介词"往"常常用来指示方向。例如：
介詞"往"は、よく方向の指示に用いる。例えば：

(1) 从这儿往前走，就是我们学校。
(2) 你看，往左走是医院，往右走是银行。
(3) 从这儿一直往前走，到了前面的路口再往右走。

练习
練習

1 分角色朗读课文　役に分かれて本文を読みましょう。

2 根据课文内容回答问题　本文の内容に基づいて、質問に答えましょう。

① 张先生去哪儿了？ Zhāng xiānsheng qù nǎr le?

② 杨笑笑是谁？ Yáng Xiàoxiao shì shéi?

③ 他的女朋友是谁？ Tā de nǚpéngyou shì shéi?

④ "前男友"是什么意思？"Qián nányǒu" shì shénme yìsi?

⑤ 去新京宾馆怎么走？ Qù Xīnjīng Bīnguǎn zěnme zǒu?

3 用本课新学的语言点和词语描述图片
本課で学んだ文法ポイントと語句を使って、写真について述べましょう。

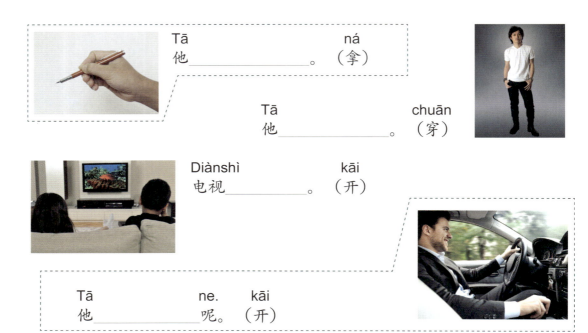

Tā　　　　　　　　　ná
他_____。（拿）

Tā　　　　　　　chuān
他_____。（穿）

Diànshì　　　　　kāi
电视_____。（开）

Tā　　　　　ne.　kāi
他_____呢。（开）

语音
発音

■ 祈使句的句调　命令文のイントネーション　🎧 13-5

语气委婉时，全句音高较低，第一个分句末尾语调略升，全句末尾语调缓降。例如：

語気がやわらかい時、全体の音調はやや低めで、複文の場合は前の節の末尾はイントネーションを少し上げ、文全体の末尾は緩やかに下げる。例えば：

　　Ràng wǒmen xiūxi xiūxi ba.
(1) 让　我们　休息休息吧。↘

　　Kuàidiǎnr xià kè ba.
(2) 快点儿　下课吧。↘

　　Qǐng zuò ba.
(3) 请　坐 吧。↘

汉字 / 漢字

汉字偏旁 "斤" 和 "页"　　漢字の部首 "斤" と "页"

偏旁 部首	解释 解釈	例字 用例
斤	斤字旁，一般与斧头及砍削的动作有关系。 「きん」は、一般的に斧や割る・削る動作と関係がある。	新　xīn　新しい 所　suǒ　場所
页	页字旁，一般与人头、面部有关系。 「おおがい」は、一般的に人の頭や顔と関係がある。	颜　yán　顔 须　xū　ひげ

运用 / 応用

1　双人活动　ペアワーク

两人一组，其中一个人用"往……"说句子。另一个同学做出相应的动作，然后两个人交替进行。

ペアになり、1人が"往……"を用いて文を作り、もう1人がそれに合わせて動きましょう。2人で交代しながら行いましょう。

例如：
往前走 (wǎng qián zǒu)　　往后跑 (wǎng hòu pǎo)
往左看 (wǎng zuǒ kàn)　　往右走 (wǎng yòu zǒu)

2 小组活动　グループワーク

3～4人一组，用动态助词"着"描述图片内容。每组请一位同学做记录。

3～4人で1つのグループを作り、アスペクト助詞"着"を用いて写真の内容を述べましょう。グループごとに1人が記録しましょう。

Yǒu liǎng ge xuésheng chuānzhe báisè de yīfu.
例如：有　两　个　学生　　穿着　白色 的衣服。

(1) ＿＿＿＿＿＿＿＿＿＿＿＿＿＿＿＿＿＿。 zuòzhe（坐着）

(2) ＿＿＿＿＿＿＿＿＿＿＿＿＿＿＿＿＿＿。 chuānzhe（穿着）

(3) ＿＿＿＿＿＿＿＿＿＿＿＿＿＿＿＿＿＿。 kànzhe（看着）

(4) ＿＿＿＿＿＿＿＿＿＿＿＿＿＿＿＿＿＿。 shuōzhe（说着）

(5) ＿＿＿＿＿＿＿＿＿＿＿＿＿＿＿＿＿＿。 tīngzhe（听着）

(6) ＿＿＿＿＿＿＿＿＿＿＿＿＿＿＿＿＿＿。 názhe（拿着）

(7) ＿＿＿＿＿＿＿＿＿＿＿＿＿＿＿＿＿＿。 xiàozhe（笑着）

14 Nǐ kànguo nàge diànyǐng ma
你看过那个电影吗
あなたはあの映画を観たことがありますか

热身 ウォームアップ

1 给下面的词语选择对应的图片　下の語句に合う写真を選びましょう。

① diànyǐngyuàn 电影院_____
② děng 等_____
③ qíng 晴_____
④ yìbǎi 一百_____
⑤ dǎ diànhuà 打电话_____
⑥ wánr 玩儿_____

2 看下面的图片，用汉语说出它们的名字
下の写真を見て、中国語で名前を言いましょう。

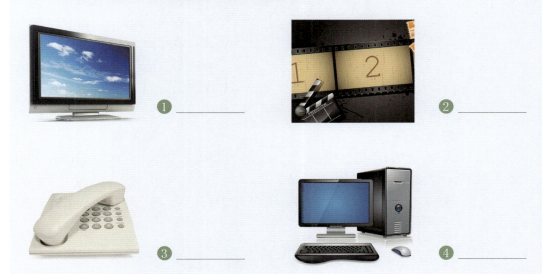

① _____
② _____
③ _____
④ _____

HSK 标准教程 2
スタンダードコース 2

课文 / 本文

1 在教室　教室で　14-1

A: Nǐ kànguo nàge diànyǐng méiyǒu?
你看过那个电影没有？

B: Méi kànguo, tīngshuō hěn yǒu yìsi.
没看过，听说很有意思。

A: Nà wǒmen xià ge xīngqī yìqǐ qù kàn ba?
那我们下个星期一起去看吧？

B: Kěyǐ, dànshì wǒ nǚpéngyou yě xiǎng qù.
可以，但是我女朋友也想去。

日本語訳

A: あなたはあの映画を観たことがありますか?
B: いいえ、観たことがありませんが、とても面白いそうですね。
A: では私たちは来週一緒に観に行きましょう。
B: いいですよ。でも私のガールフレンドも行きたいのです。

新出単語

1. 有意思　yǒu yìsi　面白い
2. 但是　dànshì　連詞　しかし、けれども

2 在办公室　オフィスで　14-2

A: Tīngshuō nǐ qùguo Zhōngguó, hái xiǎng qù ma?
听说你去过中国，还想去吗？

B: Wǒ suīrán qùguo hǎojǐ cì, dànshì hái xiǎng zài qù wánrwanr.
我虽然去过好几次，但是还想再去玩儿玩儿。

A: Nà wǒmen yìqǐ qù ba.
那我们一起去吧。

B: Hǎo a, dào shíhou wǒ gěi nǐ dǎ diànhuà.
好啊，到时候我给你打电话。

日本語訳

A: あなたは中国に行ったことがあると聞きましたが、また行きたいですか?
B: はい、私は何度も行きましたが、また行って遊びたいです。
A: では私たち一緒に行きましょう。
B: いいですよ。その時になったらあなたに電話します。

新出単語

3. 虽然　suīrán　連詞　だけれども
4. 次　cì　量詞　～回
5. 玩儿　wánr　動詞　遊ぶ、楽しむ

3 在房间　部屋で　14-3

A: Míngtiān tiānqì zěnmeyàng?
　明天　天气　怎么样？

B: Suīrán shì qíngtiān, dànshì hěn lěng.
　虽然　是　晴天，但是　很　冷。

A: Nà hái néng qù pǎo bù ma?
　那还　能　去跑步吗？

B: Kěyǐ, dànshì nǐ zìjǐ qù ba, wǒ hái yǒu hěn duō shìqing yào zuò.
　可以，但是你自己去吧，我还有　很　多事情要　做。

日本語訳
A: 明日の天気はどうですか?
B: 晴れですが、とても寒いです。
A: ではジョギングには行けますか?
B: 行けますが、あなた1人で行ってください。私はやらなければならない事がまだたくさんあります。

新出単語
6. 晴　qíng　形容詞　晴れ

4 在商店　店で　14-4

A: Nǐ zài zhège shāngdiàn mǎiguo dōngxi méiyǒu?
　你在这个　商店　买过　东西　没有？

B: Mǎiguo yí cì, zhèr de dōngxi hái kěyǐ,
　买过　一次，这儿的东西　还可以，
　jiùshi bù piányi.
　就是不便宜。

A: Wǒ xǐhuan zhè jiàn yīfu, dànshì juéde yǒudiǎnr guì.
　我喜欢这件衣服，但是觉得有点儿贵。

B: Liǎngbǎi kuài hái kěyǐ, xǐhuan jiù mǎi ba.
　两百　块还可以，喜欢就买吧。

日本語訳
A: あなたはこの店で何か買ったことがありますか?
B: はい、一度買ったことがあります。ここの商品はまあまあですが、安くありません。
A: 私はこの服が気に入りましたが、少し高いと思います。
B: 200元ならまあまあです。気に入ったのであれば買いましょう。

新出単語
7. 百　bǎi　数詞　100、百

14

你看过那个电影吗

注释
注釈

1 动态助词"过" アスペクト助詞"过"

动词后加上动态助词"过",一般用来表示过去有过的经历,这些动作行为没有持续到现在。例如:

動詞の後ろにアスペクト助詞"过"を加え、過去に経験があることを表す。これらの動作や行為は現在まで持続していない。例えば:

主語	述語		
	動詞	过	目的語
他们	来	过	我家。
我	看	过	那个电影。
我	去	过	中国。

在动词前边加"没(有)"表示否定。例如:
動詞の前に"没(有)"をつけて否定を表す。例えば:

主語	述語		
	没(有)+動詞	过	目的語
他们	没(有)来	过	我家。
我	没(有)看	过	那个电影。
我	没(有)去	过	中国。

在句末加"没有"表示疑问。例如:
文末に"没有"をつけて疑問を表す。例えば:

主語	述語		
	動詞	过	目的語+没有
他们	来	过	你家没有?
你	看	过	那个电影没有?
你	去	过	中国没有?

2 关联词"虽然……,但是……" 関連詞"虽然…,但是…"

"虽然……,但是……"连接两个分句,构成一种转折关系。例如:
"虽然…,但是…"は2つの節をつないで、逆説関係を構成する。例えば:

(1) 虽然外面很冷，但是房间里很热。

(2) 虽然汉字很难，但是我很喜欢写汉字。

(3) 虽然是晴天，但是很冷。

3 动量补语"次"　動量補語"次"

动量补语"次"常放在谓语动词的后边，用来表示动作发生、进行的次数。例如：

動量補語"次"は述語動詞の後ろに置き、動作の発生・進行の回数を表す。例えば：

主語	述語			
	動詞	过	数詞＋次	目的語
我们	看	过	三次	电影。
他们	坐	过	一次	飞机。
我	（在这个商店）买	过	一次	（东西）。

宾语是表示地点的名词时，动量补语可以放在宾语前，也可以放在宾语后。例如：

目的語が場所の名前を表す時、動量補語は目的語の前にも後ろにも置くことができる。例えば：

主語	述語			
	動詞	过	数詞＋次	目的語
我们	去	过	三次	北京。
他们	来	过	一次	中国。
我	（上星期）去	过	一次	医院。

主語	述語			
	動詞	过	目的語	数詞＋次
我们	去	过	北京	三次。
他们	来	过	中国	一次。
我	（上星期）去	过	医院	一次。

宾语是人称代词时，动量补语要放在宾语后。例如：
目的語が人称代名詞の時には、動量補語は目的語の後ろに置かなければならない。例えば：

主語	述語			
	動詞	过	目的語	数詞 + 次
我们	找	过	他	三次。
他们	看	过	我	一次。
老师	叫	过	我	两次。

练习 / 練習

1 分角色朗读课文　役に分かれて本文を読みましょう。

2 根据课文内容回答问题　本文の内容に基づいて、質問に答えましょう。

① 他们看过那个电影吗？　Tāmen kànguo nàge diànyǐng ma?

② 他们想几个人去看电影？　Tāmen xiǎng jǐ ge rén qù kàn diànyǐng?

③ 他们想来中国做什么？　Tāmen xiǎng lái Zhōngguó zuò shénme?

④ 为什么她明天不能去跑步？　Wèi shénme tā míngtiān bù néng qù pǎo bù?

⑤ 女的觉得这个商店的东西怎么样？
　Nǚde juéde zhège shāngdiàn de dōngxi zěnmeyàng?

3 用本课新学的语言点和词语描述图片
本課で学んだ文法ポイントと語句を使って、写真について述べましょう。

Nǐ yǐqián　　　zhè zhǒng shuǐguǒ ma?
你 以 前 ＿＿＿ 这　种　水　果　吗？

Wǒ qùnián　　　nǐ jiějie yí cì.
我　去 年 ＿＿＿ 你 姐 姐 一 次。

Suīrán tiānqì hěn lěng, dànshì tā
虽然 天气 很 冷，但是 他＿＿＿＿＿。

Suīrán Yīngyǔ hěn nán, dànshì tā
虽然 英语 很 难，但是 她＿＿＿＿＿。

语音 / 発音

感叹句的句调　感嘆文のイントネーション 🎧 14-5

汉语感叹句的句调一般为降调。例如：
中国語の感嘆文のイントネーションは、一般的に下降調になる。例えば：

Jīntiān tiānqì zhēn hǎo a!
（1）今天 天气 真 好 啊！↘

Zhège Hànzì zhēn nán xiě a!
（2）这个 汉字 真 难 写 啊！↘

Zhè jiàn yīfu tài piàoliang le!
（3）这 件衣服太 漂亮 了！↘

汉字 / 漢字

汉字偏旁 "雨" 和 "贝"　漢字の部首 "雨" と "贝"

偏旁 部首	解释 解釈	例字 用例		
雨	雨字头，一般与云、雨等天气现象有关系。 「あめかんむり」は、一般的に雲・雨などの気象と関係がある。	雪 雾	xuě wù	雪 霧
贝	贝字旁，一般与钱财、鼎类器物有关系。 「かいへん」は、一般的に金銭・鼎のような器と関係がある。	财 货	cái huò	財産、お金 品物、商品

运用 応用

1 双人活动　ペアワーク

两人一组，用"虽然A，但是B"练习说句子，其中一个人说A，另一个人说B。然后两人互换。

ペアになり、"虽然A、但是B"を用いて文を作りましょう。1人はAを言い、もう1人はBを言いましょう。それから2人で役割を交換しましょう。

例如：A：虽然　这　件衣服很　漂亮，
　　　　　Suīrán zhè jiàn yīfu hěn piàoliang,

　　　B：但是　太　贵了，我　没　钱　买。
　　　　　dànshì tài guì le, wǒ méi qián mǎi.

　　　A：虽然　今天　天气　很　冷，
　　　　　Suīrán jīntiān tiānqì hěn lěng,

　　　B：……

2 小组活动　グループワーク

3～4人一组，用动态助词"过"叙述自己在中国经历过的事情，尽量使用学过的词语。每组请一位同学报告情况。

3～4人で1つのグループを作り、アスペクト助詞"过"を用いて自身が中国で経験した事を、できるだけ学んだ単語を使って話してみましょう。グループごとに1人報告する人を決めて、クラスのみんなに発表しましょう。

	经历过的事情　経験した事
1	我在北京买过一件很漂亮的衣服。 Wǒ zài Běijīng mǎiguo yí jiàn hěn piàoliang de yīfu.

15 Xīnnián jiù yào dào le
新年就要到了
もうすぐ新年です

热身
ウォームアップ

1 给下面的词语选择对应的图片　下の語句に合う写真を選びましょう。

❶ 新年 xīnnián _____
❷ 票 piào _____
❸ 旅游 lǚyóu _____
❹ 帮助 bāngzhù _____
❺ 阴 yīn _____
❻ 火车站 huǒchēzhàn _____

2 看下面的图片，用汉语说出它们的名字
下の写真を見て、中国語で名前を言いましょう。

 ❶ _____
 ❷ _____
 ❸ _____
 ❹ _____

HSK 标准教程 2 / スタンダードコース 2

课文 / 本文

1 在朋友家　友達の家で 15-1

A: Jīntiān shì shí'èr yuè èrshí rì, xīnnián jiù yào dào le.
今天 是 12 月 20 日，新年 就 要 到 了。

B: Xīnnián nǐ zhǔnbèi zuò shénme?
新年 你 准备 做 什么？

A: Wǒ xiǎng qù Běijīng lǚyóu, Běijīng hěn búcuò,
我 想 去 北京 旅游，北京 很 不错，
wǒ qùguo yí cì.
我 去过 一 次。

B: Nǐ mǎi piào le ma?
你 买 票 了 吗？

A: Hái méiyǒu ne, míngtiān jiù qù huǒchēzhàn mǎi piào.
还 没有 呢，明天 就 去 火车站 买 票。

日本語訳
A: 今日は12月20日なので、もうすぐ新年です。
B: 新年にあなたは何をする予定ですか？
A: 私は北京へ旅行に行きたいです。北京はいいですよ。私は一度行ったことがあります。
B: あなたはチケットは買いましたか？
A: いいえ、まだなので、明日駅までチケットを買いに行きます。

新出単語
1. 日　　　rì　　　名詞　日、日にち
2. 新年　　xīnnián　名詞　新年
3. 票　　　piào　　名詞　チケット
4. 火车站　huǒchēzhàn
　　　　　　　　　名詞　鉄道の駅

2 在公司　会社で 15-2

A: Shíjiān guò de zhēn kuài, xīn de yì nián kuàiyào dào le!
时间 过 得 真 快，新的 一年 快要 到 了！

B: Shì a, xièxie dàjiā zhè yì nián duì wǒ de bāngzhù!
是啊，谢谢 大家 这 一年 对 我 的 帮助！

C: Xīwàng wǒmen de gōngsī míngnián gèng hǎo!
希望 我们 的 公司 明年 更 好！

日本語訳
A: 時間が過ぎるのは本当に早いです。新たな1年がもうやってきます！
B: そうですね。この1年の皆さんの私に対するご助力に感謝します。
C: 私たちの会社が、来年さらによくなりますように！

新出単語
5. 大家　dàjiā　代詞　皆
*6. 更　　gèng　　副詞　さらに

3 在车站　駅で　15-3

Nǐ mèimei zěnme hái méi lái?
A: 你 妹妹 怎么 还 没 来？

Dōu bā diǎn sìshí le!
都 八 点 四十 了！

Wǒmen zài děng tā jǐ fēnzhōng ba.
B: 我们 再 等 她 几 分钟 吧。

Dōu děng tā bàn ge xiǎoshí le!
A: 都 等 她 半 个 小时 了！

Tā lái le, wǒ tīngjiàn tā shuō huà le.
B: 她 来 了，我 听见 她 说 话 了。

日本語訳
A: あなたの妹はどうしてまだ来ないのですか？ もう8時40分です！
B: 私たちはあと数分彼女を待ちましょう。
A: もう30分も彼女を待っています！
B: 彼女が来ました。私は彼女の話し声が聞こえました。

新出単語
7. 妹妹　mèimei　名詞　妹

4 在咖啡馆门口　カフェの入り口で　15-4

Tiān yīn le, wǒ yào huíqu le.
A: 天 阴 了，我 要 回去 了。

Hǎo de. Kuàiyào xià yǔ le, nǐ lùshang màndiǎnr.
B: 好 的。快要 下 雨 了，你 路上 慢点儿。

Méi guānxi, wǒ zuò gōnggòng qìchē.
A: 没 关系，我 坐 公共 汽车。

Hǎo de. Zàijiàn.
B: 好 的。再见。

日本語訳
A: 曇ってきたので、私は帰ります。
B: そうですか。もうすぐ雨が降るので、帰り道お気をつけて。
A: 大丈夫です。バスに乗ります。
B: 分かりました。さようなら。

新出単語
8. 阴　yīn　形容詞　曇る

注释
注釈

1 动作的状态"要……了" 動作の状態："要…了"

用"快要/快/就要/要……了"表示某事将要发生。例如：
"快要/快/就要/要……了"を用いて、ある物事が間もなく発生することを表す。例えば：

主語	述語		
	快要/快/就要/要	動詞（＋目的語）	了
火车	快要	来	了。
	要	下雨	了。
新的一年	快要	到	了。

如果句子中有时间状语，只能用"就要……了"。例如：
もし文中に時間状語があれば、"就要……了"しか使うことができない。例えば：

时间状语 時間状語	主語	述語		
		就要	動詞（＋目的語）	了
下个月	我们	就要	回国	了。
明天	姐姐	就要	走	了。
下个星期	我们	就要	考试	了。

2 "都……了" "都…了"構文

"都……了"可以表示"已经"的意思，通常含有强调或不满的语气。例如：
"都……了"は「すでに」という意味を表すことができ、強調や不満のニュアンスを含む。例えば：

(1) 都8点了，快点儿起床吧。

(2) 你都十岁了，可以自己洗衣服了。

(3) 都等她半个小时了。

练习
練習

1 分角色朗读课文　役に分かれて本文を読みましょう。

2 根据课文内容回答问题　本文の内容に基づいて、質問に答えましょう。

① 新年的时候他准备做什么？
Xīnnián de shíhou tā zhǔnbèi zuò shénme?

② 明天他有什么事要做？　Míngtiān tā yǒu shénme shì yào zuò?

③ 他们两个人在等谁呢？　Tāmen liǎng ge rén zài děng shéi ne?

④ 他们等的人来了没有？　Tāmen děng de rén láile méiyǒu?

⑤ 外面的天气怎么样？　Wàimiàn de tiānq zěnmeyàng?

3 用本课新学的语言点和词语描述图片
本課で学んだ文法ポイントと語句を使って、写真について述べましょう。

Jiějie　　　jiù yào huí guó le.
姐姐_____就 要 回 国 了。

Qī diǎn wǔshí fēn le, wǒmen
7 点 50 分 了，我们_____。

Dìdi dōu　　le, kěyǐ zìjǐ chī fàn le.
弟弟 都_____了，可以自己吃饭了。

Dōu shí'èr diǎn le, shāngdiàn　　le.
都 十 二 点 了，商店_____了。

HSK 标准教程 2
スタンダードコース 2

语音 / 発音

用"吧"和"吗"构成的疑问句的句调 　15-5
"吧"と"吗"を用いる疑問文のイントネーション

用"吧"构成的疑问句的句调为降调，用"吗"构成的疑问句的句调为升调。例如：

"吧"を用いて構成した疑問文のイントネーションは下降調、"吗"を用いて構成した疑問文のイントネーションは上昇調になる。例えば：

(1)　Zhè běn shū shì nǐ de ba?　　　　Zhè běn shū shì nǐ de ma?
　　这 本 书 是 你 的 吧？↘　　　　这 本 书 是 你 的 吗？↗

(2)　Míngtiān shì xīngqī èr ba?　　　　Míngtiān shì xīngqī èr ma?
　　明天 是 星期 二 吧？↘　　　　明天 是 星期 二 吗？↗

(3)　Nǐ mǎi piào le ba?　　　　Nǐ mǎi piào le ma?
　　你 买 票 了 吧？↘　　　　你 买 票 了 吗？↗

汉字 / 漢字

汉字偏旁"山"和"大"　漢字の部首"山"と"大"

偏旁 部首	解释 解釈	例字 用例		
山	山字旁，一般与山的名称、种类、形状及岛屿有关系。 「やまへん」は、一般的に山の名称・種類・形状および島嶼と関係がある。	岭 岖	líng qū	峰 山道がでこぼこで険しいこと
大	大字旁，一般与人有关系。 「だい」は、一般的に人と関係がある。	天 夫	tiān fū	空 夫

运用 / 応用

1 双人活动　ペアワーク

两人一组，互相询问对方今年的新年都有什么打算。
ペアになり、今年の新年はどのような計画があるか、お互いに尋ねましょう。

例如：
　　　　　　Xīnnián nǐ xiǎng zài nǎr guò?
　　A：新年　你　想　在　哪儿过？
　　B：……

　　　　　　Nǐ xiǎng hé shéi yìqǐ guò xīnnián?
　　A：你　想　和　谁　一起　过　新年？
　　B：……

　　　　　　Nǐ xiǎng sòng gěi péngyou shénme xīnnián lǐwù?
　　A：你　想　送　给　朋友　什么　新年　礼物？
　　B：……

2 小组活动　グループワーク

3～4人一组，说说你自己或者你的家人、朋友们在以后的几个月里学习上、生活上、工作上都有哪些计划或者变化。用"快要／快／就要／要……了"进行表述。每组请一位同学做记录。

3～4人で1つのグループを作り、あなた自身やあなたの家族・友達が、今後数か月で学習・生活・仕事においてどのような計画や変化があるか、話しましょう。"快要／快／就要／要……了"を使って表しましょう。グループごとに1人が記録しましょう。

1	下个月5号是弟弟的生日， Xià ge yuè wǔ hào shì dìdi de shēngrì,	他 快要15岁了。 tā kuàiyào shíwǔ suì le.

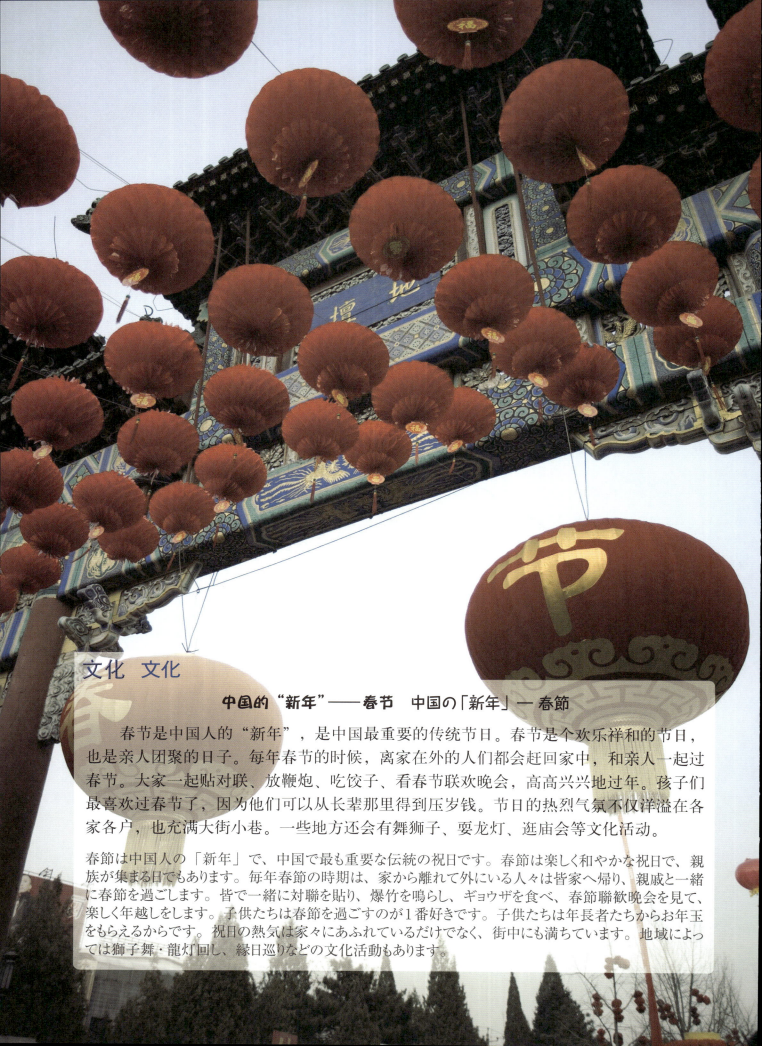

文化　文化

中国的"新年"——春节　中国の「新年」— 春節

　　春节是中国人的"新年"，是中国最重要的传统节日。春节是个欢乐祥和的节日，也是亲人团聚的日子。每年春节的时候，离家在外的人们都会赶回家中，和亲人一起过春节。大家一起贴对联、放鞭炮、吃饺子、看春节联欢晚会，高高兴兴地过年。孩子们最喜欢过春节了，因为他们可以从长辈那里得到压岁钱。节日的热烈气氛不仅洋溢在各家各户，也充满大街小巷。一些地方还会有舞狮子、耍龙灯、逛庙会等文化活动。

　春節は中国人の「新年」で、中国で最も重要な伝統の祝日です。春節は楽しく和やかな祝日で、親族が集まる日でもあります。毎年春節の時期は、家から離れて外にいる人々は皆家へ帰り、親戚と一緒に春節を過ごします。皆で一緒に対聯を貼り、爆竹を鳴らし、ギョウザを食べ、春節聯歓晩会を見て、楽しく年越しをします。子供たちは春節を過ごすのが1番好きです。子供たちは年長者たちからお年玉をもらえるからです。祝日の熱気は家々にあふれているだけでなく、街中にも満ちています。地域によっては獅子舞・龍灯回し、縁日巡りなどの文化活動もあります。

词语总表 単語一覧

词性对照表　品詞対照表

词性 品詞	日文简称 日本語品詞名	词性 品詞	日文简称 日本語品詞名
名词	名詞	副词	副詞
动词	動詞	介词	介詞
形容词	形容詞	连词	連詞
代词	代詞	助词	助詞
数词	数詞	叹词	感嘆詞
量词	量詞	拟声词	擬声語
数量词	数量詞	前缀	接頭辞
助动词	助動詞	后缀	接尾辞

生词 新出単語

词语 単語	拼音 ピンイン	词性 品詞	词义 意味	课号 課
B				
吧	ba	助詞	文末に用いて推量・提案・命令などを表す	5
白	bái	形容詞	白い	8
百	bǎi	数詞	100、百	14
帮助	bāngzhù	動詞	助ける、手伝う	10
报纸	bàozhǐ	名詞	新聞	3
比	bǐ	介詞	～より、～に比べて	11
别	bié	副詞	～するな、～して はならない	10
宾馆	bīnguǎn	名詞	ホテル	13
C				
长	cháng	形容詞	長い	4
唱歌	chàng gē	動詞	歌う	11
出	chū	動詞	出る	2
穿	chuān	動詞	着る	12
次	cì	量詞	～回	14

从	cóng	介詞	～から	9
错	cuò	形容詞	誤っている、間違っている	9
D				
打篮球	dǎ lánqiú		バスケットボールをする	6
大家	dàjiā	代詞	皆	15
但是	dànshì	連詞	しかし、けれども	14
到	dào	動詞	到着する	7
得	de	助詞	動詞や形容詞の後に用いて、結果・程度・状態などを表す補語を導く	12
等	děng	動詞	待つ	8
弟弟	dìdi	名詞	弟	12
第一	dì yī	数詞	一番目、最初、初め	9
懂	dǒng	動詞	理解する、分かる	9
对	duì	介詞	（名詞や代詞の前に用いて）～に	5
F				
房间	fángjiān	名詞	部屋	3
非常	fēicháng	副詞	とても、非常に	4
服务员	fúwùyuán	名詞	従業員	8
G				
高	gāo	形容詞	高い	2
告诉	gàosù	動詞	言う、伝える	8
哥哥	gēge	名詞	兄、お兄さん	10
给	gěi	介詞	（動詞の後に用いて）あげる	4
公共汽车	gōnggòng qìchē		バス	7
公司	gōngsī	名詞	会社	7
贵	guì	形容詞	（値段が）高い	8
H				
还	hái	副詞	まずまず、かなり、少し	5
孩子	háizi	名詞	子供	11
好吃	hǎochī	形容詞	おいしい	6
黑	hēi	形容詞	黒い	8
红	hóng	形容詞	赤い	3
火车站	huǒchēzhàn	名詞	鉄道の駅	15
J				
机场	jīchǎng	名詞	空港	7
鸡蛋	jīdàn	名詞	卵	10

件	jiàn	量詞	～着（服など）	5
觉得	juéde	動詞	思う、感じる	1
教室	jiàoshì	名詞	教室	7
姐姐	jiějie	名詞	姉、お姉さん	6
介绍	jièshào	動詞	紹介する、推薦する	4
进	jìn	動詞	入る	12
近	jìn	形容詞	近い、近く	12
就	jiù	副詞	肯定や決断を強める、前の文を受けて結論を表す	5
K				
咖啡	kāfēi	名詞	コーヒー	5
开始	kāishǐ	動詞	始める	4
考试	kǎoshì	名詞	試験	5
可能	kěnéng	助動詞	多分、おそらく	11
可以	kěyǐ	形容詞	まあまあである	5
课	kè	名詞	授業	10
快	kuài	形容詞	速い	7
快乐	kuàilè	形容詞	幸せである、うれしい	4
L				
离	lí	動詞	離れる、（隔たりを表す場合の）～から、～まで	7
两	liǎng	数詞	2（数量・分量を数える）	4
零	líng	数詞	0（ゼロ）	12
路	lù	名詞	道	7
旅游	lǚyóu	動詞	旅行する	1
M				
慢	màn	形容詞	遅い	7
忙	máng	形容詞	忙しい	2
每	měi	代詞	毎～、各～	2
妹妹	mèimei	名詞	妹	15
门	mén	名詞	ドア、門	6
面条	miàntiáo	名詞	麺	6
N				
男	nán	形容詞	男性の	11
牛奶	niúnǎi	名詞	牛乳	3
女	nǚ	形容詞	女性の	11
P				
旁边	pángbiān	名詞	横、そば	3

跑步	pǎo bù	動詞	走る、ジョギングする	2
便宜	piányi	形容詞	安い	11
票	piào	名詞	チケット	15
Q				
妻子	qīzi	名詞	妻	12
起床	qǐ chuáng	動詞	起きる	2
千	qiān	数詞	1000、千	3
铅笔	qiānbǐ	名詞	鉛筆	13
晴	qíng	形容詞	晴れ	14
去年	qùnián	名詞	去年	11
R				
让	ràng	動詞	～させる	8
日	rì	名詞	日、日にち	15
S				
上班	shàng bān	動詞	出勤する、勤務中である	9
身体	shēntǐ	名詞	体	2
生病	shēng bìng	動詞	病気になる	2
生日	shēngrì	名詞	誕生日	4
时间	shíjiān	名詞	時間	2
事情	shìqing	名詞	物事、事柄、用事	8
手表	shǒubiǎo	名詞	腕時計	3
手机	shǒujī	名詞	携帯電話	10
说话	shuō huà	動詞	話す、言う	11
送	sòng	動詞	送る、配達する	3
虽然	suīrán	連詞	だけれども	14
所以	suǒyǐ	連詞	だから	6
T				
它	tā	代詞	それ	1
踢足球	tī zúqiú		サッカーをする	1
题	tí	名詞	質問、問題	9
跳舞	tiào wǔ	動詞	ダンスする	9
W				
外	wài	名詞	外、外側	6
完	wán	動詞	終える	9
玩儿	wánr	動詞	遊ぶ、楽しむ	14
晚上	wǎnshang	名詞	夜	4

往	wǎng	介詞	～へ	13
为什么	wèi shénme		なぜ	1
问	wèn	動詞	尋ねる	4
问题	wèntí	名詞	質問、問題	9
X				
西瓜	xīguā	名詞	スイカ	10
希望	xīwàng	動詞	希望する	9
洗	xǐ	動詞	洗う	10
小时	xiǎoshí	名詞	時間	7
笑	xiào	動詞	笑う	13
新	xīn	形容詞	新しい	1
姓	xìng	動詞	～という姓である、～という名字である	11
休息	xiūxi	動詞	休む	2
雪	xuě	名詞	雪	12
Y				
颜色	yánsè	名詞	色	3
眼睛	yǎnjing	名詞	目	1
羊肉	yángròu	名詞	マトン、羊肉	6
药	yào	名詞	薬	2
要	yào	助動詞	～したい	1
也	yě	副詞	～も	1
一下	yíxià	数量詞	(動詞の後に用いて)ちょっと～する、試みる	3
已经	yǐjīng	副詞	すでに、もう	4
一起	yìqǐ	副詞	一緒に	1
意思	yìsi	名詞	意味	5
因为	yīnwèi	連詞	なぜなら	6
阴	yīn	形容詞	曇る	15
游泳	yóu yǒng	動詞	泳ぐ、水泳をする	6
右边	yòubian	名詞	右、右側	11
鱼	yú	名詞	魚	5
远	yuǎn	形容詞	遠い	7
运动	yùndòng	名詞/動詞	スポーツ/運動する	1
Z				
再	zài	副詞	再び、あらためてまた	8
早上	zǎoshang	名詞	朝	2

词语	拼音	词性	词义	课号
丈夫	zhàngfu	名詞	夫	3
找	zhǎo	動詞	探す、訪ねる	8
着	zhe	助詞	（動作状態の持続や、ある動作の結果ある状態の持続を表し）〜している、〜してある	13
真	zhēn	副詞	本当に、とても	3
正在	zhèngzài	副詞	ちょうど〜しているところだ	10
知道	zhīdào	動詞	知る	2
准备	zhǔnbèi	動詞	準備する、〜するつもりである	5
走	zǒu	動詞	歩く	7
最	zuì	副詞	最も、一番	1
左边	zuǒbian	名詞	左、左側	3

专有名词 固有名詞

词语 単語	拼音 ピンイン	词义 意味	课号 課
H			
花花	Huāhua	花花（ネコの名前）	1
Y			
杨笑笑	Yáng Xiàoxiao	杨笑笑（人名）	13

超纲词 2级要綱範囲外の単語

词语 単語	拼音 ピンイン	词性 品詞	词义 意味	课号 課	级别 級
B					
*班	bān	名詞	クラス	13	三级
D					
*度	dù	名詞	〜度（温度など）	12	
F					
*粉色	fěnsè	名詞	ピンク	3	六级
G					
*更	gèng	副詞	さらに	15	三级
*公斤	gōngjīn	量詞	〜キログラム	6	三级
*过	guò	動詞	（特定の日を）過ごす、祝う	7	三级
H					
*欢迎	huānyíng	動詞	歓迎する	9	三级

		J			
*接	jiē	動詞	受け取る、(電話に)出る	4	三级
*经常	jīngcháng	副詞	よく、頻繁に	6	三级
		M			
*米	mǐ	量詞	～メートル	2	三级
		N			
*拿	ná	動詞	持つ	13	三级
		Y			
*一直	yìzhí	副詞	まっすぐ	13	三级
		Z			
*长	zhǎng	動詞	育つ、(成長した結果ある身体的特徴を)備える	13	三级
*自行车	zìxíngchē	名詞	自転車	6	三级

旧字新词 既習漢字を使った単語

来自本册 本書から

新词 単語	拼音 ピンイン	词性 品詞	词义 意味	课号 課	旧字 既習漢字
		B			
帮	bāng	動詞	助ける	4	帮助
不错	búcuò	形容詞	良い、なかなかである	5	不、错
		C			
出院	chū yuàn		退院する	2	出、医院
		F			
粉	fěn	形容詞	ピンクの	3	粉色
		H			
红色	hóngsè	名詞	赤	3	红、颜色
		L			
路口	lùkǒu	名詞	交差点	13	路、口
		S			
手	shǒu	名詞	手	13	手表、手机
		W			
外面	wàimiàn	名詞	外側	5	外、后面、前面
		X			
新年	xīnnián	名詞	新年	15	新、年
		Y			
以后	yǐhòu	名詞	今後、これから	5	以前、后面
有意思	yǒu yìsi		面白い	14	有、意思

补充 補充单語

新词 单語	旧字 既習漢字
白色	白
	颜色
茶馆儿	茶
	宾馆
电视机	电视
	手机
房子	房间
	杯子
黑色	黑
	颜色
鸡蛋面	鸡蛋
	面条
鸡肉	鸡蛋
	羊肉
进站	进
	火车站
咖啡馆儿	咖啡
	宾馆
旅馆	旅游
	宾馆
面馆儿	面条
	宾馆

新词 单語	旧字 既習漢字
哪边	哪
	旁边、左边、右边
那边	那
	旁边、左边、右边
奶茶	牛奶
	茶
女孩儿	女
	孩子
听歌	听
	唱歌
洗手	洗
	手表、手机
下班	下
	上班
游泳馆	游泳
	宾馆
早饭	早上
	米饭
这边	这
	旁边、左边、右边

偏旁总表 部首一览

偏旁 部首	课号 課
王	1
足	1
竹	2
欠	2
木	3
刂	3
纟	4
忄	4
子	5
广	5
犭	6
心	6
彳	7
攵	7
又	8

偏旁 部首	课号 課
巾	8
土	9
灬	9
走	10
穴	10
疒	11
冫	11
止	12
冂	12
斤	13
页	13
雨	14
贝	14
山	15
大	15

本書は、株式会社スプリックスが中国国家汉办と北京語言大学出版社の許諾に基づき、翻訳・出版を行ったものです。日本における日本語版の権利は株式会社スプリックスが保有します。

HSK标准教程2/ 主编：姜丽萍

Copyright © 2014 by Beijing Language and Culture University Press All rights reserved
Japan copyright © 2015 by 株式会社SPRIX
Japanese edition arranged with Beijing Language and Culture University Press

スタンダードコース中国語 −中国語の世界標準テキスト− 2

2015年8月1日	初版 第1刷	発行
2021年4月1日	初版 第2刷	発行
2025年5月20日	初版 第3刷	発行

原 本 編 集：国家汉办 / 北京语言大学出版社
日本語版編集：株式会社スプリックス
発 行 者：常石 博之
Ｄ Ｔ Ｐ：株式会社インターブックス
印刷・製本：株式会社インターブックス
発 行 所：株式会社スプリックス
　　　　　〒150-6222 東京都渋谷区桜丘町 1-1
　　　　　渋谷サクラステージ SHIBUYA タワー 22F
　　　　　TEL 03（6416）5234　FAX 03（6416）5293　Email ch-edu@sprix.jp
落丁・乱丁本については、送料小社負担にてお取り替えいたします。

©SPRIX Inc. Printed in Japan　ISBN978-4-906725-19-9
本書の内容を小社の許諾を得ずに複製、転載、放送、上映することは法律で禁止されています。
また、無断での改変や第三者への譲渡、販売（パソコンによるネットワーク通信での提供なども含む）は禁じます。
請負業者等の第三者によるデジタル化は一切認められておりません。
HSK日本実施委員会 公認